DOLORES DEL RÍO

DOLORES DEL RÍO

por José Alejandro Torres

Grupo Editorial Tomo, S.A. de C.V.
Nicolás San Juan 1043
03100 México, D.F.

1a. edición, julio 2004.

Nicolás San Juan 1043, Col. Del Valle
03100 México, D.F.
Tels. 5575-6615, 5575-8701 y 5575-0186
Fax. 5575-6695
http://www.grupotomo.com.mx
ISBN: 970-666-997-3
Miembro de la Cámara Nacional
de la Industria Editorial No 2961

Proyecto: José Alejandro Torres
Diseño de Portada: Trilce Romero
Formación Tipográfica: Servicios Editoriales Aguirre, S.C.
Supervisor de producción: Leonardo Figueroa

Impreso en México - *Printed in Mexico*

Contenido

Prólogo

El término diosa es muy delicado de aplicar debido al significado que posee. Durante los tiempos del matriarcado, hablamos de épocas arcaicas, era la institución principal. No había poder, ni siquiera el del hombre, que fuera capaz de amenazarla. Ella era la responsable de la vida y de mantener el orden del universo. Sagrada, si queremos economizar.

En la actualidad, la palabra diosa es utilizada para designar a mujeres de inconmensurable belleza o como un sobrenombre para aquellas que imponen tanto por su naturaleza como por su personalidad.

Pues bien, hubo toda una generación de artistas mexicanos, poetas y pintores, primordialmente, que consideraron a Dolores del Río como una diosa al tiempo que le dedicaban una buena parte de su labor. En ella veían materializarse todas las facetas de una mujer; no sólo el símbolo sexual o el bello rostro, sino un sinónimo de la madre y a la vez de la amante onírica.

Diego Rivera, José Clemente Orozco, Carlos Pellicer, Salvador Novo y otros, fueron sus principales oficiantes. Y aunque los resultados artísticos no fueron del todo ejemplares, allí está el rostro de Dolores del Río tanto en lienzos como en papeles impresos con poemas a su figura.

Diosa también es sinónimo de diva, según el diccionario. Pero lo que hoy conocemos como una diva no es más que una parte de la acepción: actriz jactanciosa. Se sabe que para ser una diva de Hollywood, cuando el cine apenas nacía, era necesario más que eso. Se requería, por encima de la belleza y la arrogancia, una gracia natural, algo que los críticos llaman carisma.

Por ello, y aunque Dolores fue una mujer frívola y materialista en esencia, no es justo considerarla como una mujer superficial. Hay que recordar su empeño en aprender el método Stanislavsky y su gusto por la lectura; aunque, claro, no era una erudita como quieren hacer de ella sus más apasionados comentaristas.

Su vida en Hollywood es una muestra de lo que el empeño puede lograr. Proviniendo de una familia aristócrata no cualquiera podría aferrarse a continuar en el cine después de haber aparecido en papeles secundarios. Esto es lo que hace más grande a Dolores. No era una necesidad económica la que le marcaba el camino para quedarse en Hollywood, sino una necesidad histriónica.

Hoy, ya muy lejanos los primeros años del cine mudo, poco se recuerda a una actriz que llegó a ser la preferida del público norteamericano. Se tiene en la memoria, eso sí, una mujer que llegó a México con gran fama y gloria para interpretar el humilde papel de una campesina de Xochimilco. Asimismo, se le recuerda por su labor altruista, por los actos de beneficiencia en que participó al final de su carrera.

Es indudable que Dolores del Río tenga que pasar a la historia, como una de las mujeres más importantes del siglo XX. Sólo basta revisar su biografía.

---

* Nota aclaratoria. La razón por la cual aparece el nombre Dolores Del Río (con mayúscula en Del) hasta el capítulo V, es porque así se le conocía en Hollywood. Al llegar a México se corrigió el error gramatical, quedando Dolores del Río.

JOSÉ ALEJANDRO TORRES

María Dolores Asúnsolo y López Negrete.

Los primeros años

En la hacienda *Serranilla,* ubicada en Durango, Luis López Negrete es protagonista de un grave incidente. El personaje en cuestión, propietario de la hacienda, ha tratado de violar a una de sus criadas. El hermano de la muchacha, un joven aguerrido y de carácter violento, se dispone a vengar la deshonra. Con un rifle se acerca a las inmediaciones de la hacienda y espera a que López Negrete salga. Luis, seguro de que su abolengo le hace inmune, no tiene cuidado en caminar a solas por las caballerizas de la *Serranilla.* De pronto, una descarga se incrusta en su pierna.

El joven ha cumplido su venganza. Un poco después enarbolará la bandera de la Revolución para luchar por todo el norte de México; será temido y odiado por los hacendados y se volverá una leyenda del pueblo: se trata de Doroteo Arango, alias "Pancho Villa".

Luis López Negrete, aunque pudo sobrevivir a la descarga en su pierna, comprendió que su orgullo había sido lastimado. Poco tiempo después morirá y su hija, Antonia, defenderá con todo vigor su apellido y su condición. Ella será la encargada de conservar un legajo de documentos que certifican el árbol genealógico de la familia, siempre de origen noble.

Antonia López Negrete, con el tiempo, unirá su vida a la de otro aristócrata mexicano: Jesús Leonardo Asúnsolo, hijo de ricos ganaderos y gerente del Banco de Durango. Al formalizar su compromiso, Antonia y Jesús se establecerán en el segundo piso de una lujosa residencia que es parte del mismo banco. Será cotidiano verlos en las fiestas de la ciudad norteña; ella portando un vestido de cola larga con abalorios, traído desde París, mientras que él siempre de etiqueta, sin olvidar en el armario la clásica levita.

Juntos progresarían y sólo dos años después de sus bodas, darían vida a su primera y única hija. Un 3 de agosto de 1904, darán vida a una hermosa niña llamada, María Dolores Asúnsolo y López Negrete.

Los primeros años de María Dolores fueron inolvidables. La casa de su abuela, llena de festejos y tan grande como un palacio sería el lugar predilecto para sus juegos. En un landó inglés, propiedad de sus padres, pasearía los domingos por las calles de Durango. Ahí iba la pequeña, feliz por el vaivén del carruaje.

Las comodidades abundaban para esa niña que, sobra decirlo, era la consentida y la nueva esperanza de los Asúnsolo y López Negrete. Todo fue alegría hasta que la pequeña cumplió cuatro años. La paz y dulzura de la infancia serían rotas por aquel joven que había baleado a su abuelo. Así fue, Pancho Villa, comenzó a asolar las haciendas y las vidas de los aristócratas. La familia Asúnsolo y López Negrete, sabedora de su condición, en poco tiempo enfrentó una disyuntiva: quedarse en la ciudad para combatir a los villistas o huir a territorios mucho más pacíficos. Jesús, era un buen blanco de los rebeldes, incluso en la capital de nuestro país, así es que debió marchar, solo, a los Estados Unidos. Antonia, tomó a su pequeña, la vistió como a una hija de peones y la introdujo en una cesta. Sin llamar la atención del pueblo se escurrió por las calles de Durango hasta llegar a la estación de tren. Allí realizaría un viaje casi definitivo a la Ciudad de México. María Dolores, ignoraba, por supuesto, su futuro, pero recordaría para siempre esos cuatro años en Durango.

La colonia Juárez parecía un lugar aceptable para una familia provinciana y de alcurnia. En el número 8 de la calle Berlín, doña Antonia se estableció junto con su hija. Según las fotos de la época, el nuevo hogar era una mansión con estilo y decorados franceses, balcones en los tres niveles y arcos en la esquina principal. Desde luego, Antonia y su hija no estaban solas. Para establecerse en dicho lugar contaron con el apoyo de un pariente que en pocos años sería el primer mandatario de nuestro país: Francisco I. Madero.

María Dolores fue internada en el Colegio Francés, institución por demás reconocida, conservadora y religiosa. Monjas de origen galo eran responsables de impartir la educación a las hijas de las "mejores familias mexicanas". María Dolores y sus compañeras tenían prohibido hablar en español durante los recreos. Los modales, las reglas de etiqueta y las virtudes cristianas le fueron impuestas a lo largo de aquellos años escolares. Claro, el abolengo aristócrata de la niña le ayudó a integrase sin problemas. En poco tiempo Dolores, aprendería el francés y se amoldaría a las reglas morales y teológicas de sus maestras. Por supuesto, era una de las mejores estudiantes.

Cuando Francisco I. Madero alcanzó la presidencia, los años dorados de Durango parecieron volver. Las pequeñas premuras sufridas durante los primeros meses en la Ciudad de México habían pasado. Entonces los lujos sobraban, incluso Dolores podía pasar ratos de convivencia con el presidente. Muchos años después así lo recordaría:

> *Con un beso, el presidente de México, me dio el globo más bello que jamás niña alguna haya poseído. Don Francisco I. Madero, dejó en mi frente un beso inolvidable.*

Pero la "decena trágica", rompió brutalmente la armonía que se vislumbraba. En febrero de 1913 comenzaron los golpes en contra del primer mandatario elegido de manera democrática en el siglo XX. La misma Dolores evocaría dicho periodo así:

> *Las tropas lucharon ferozmente desde azoteas y avenidas y en tales ocasiones, cuando el peligro arreciaba, nos refugiába-*

mos en el escondrijo del entresuelo de la casa de mis padres. Cuando cesaba el tiroteo salíamos a ver algo asustados, los daños causados por las balas, las vidrieras rotas, los cadáveres esparcidos por las calles.

Dentro de todos estos combates surgió una buena noticia: Jesús Leonardo Asúnsolo regresaba de Estados Unidos para reunirse con su familia. Esto trajo un poco de felicidad a la pequeña.

María Dolores, en sus años escolares, había cumplido al pie de la letra con los deberes; pero no se vislumbraba una vocación en esa bella niña de bucles negros y traje de holanes.

Felipa López, una afamada maestra de baile, fue la responsable de encontrar los primeros rasgos artísticos de la niña. Felipa descubrió que María Dolores conjugaba un bello rostro con una gracia innata para la danza española. La hija de Antonia y Jesús, gozaba aprendiendo diariamente nuevos movimientos. Tal era su gusto como lo describe ella misma:

Yo prácticamente, a pesar de las enseñanzas de Felipa, me inventaba mis pasos y en ocasiones aprovechaba una cierta música para crear sobre ella historias, casi siempre muy ingenuas.

Esta predilección se convertiría en encanto un día de 1917. En aquel año Dolores fue llevada por sus padres a contemplar el espectáculo de la bailarina Antonia Merced, "La argentina". La niña quedó pasmada por la sensualidad y los movimientos siempre exactos de la intérprete. Sin duda Dolores anhelaba ser como ella.

Pero había un complejo que vencer. María Dolores tenía un tono de piel atípico en las muchachitas de su clase. Para su suerte, el retratista Alfredo Ramos Martínez, uno de los más solicitados pintores de la aristocracia mexicana, acabaría con los complejos de Dolores. La fórmula que utilizó Ramos fue muy sencilla: al retratarla, Ramos puso énfasis en la claridad de los colores y retocó las facciones de la pequeña. Así, en el cuadro que plasmaba a María Dolores, apareció una niña con expresión sobria, pelo lacio y negro hasta el cuello y una piel que parecía más rosada que morena. Ramos consiguió lo que ningún maquillaje podría lograr. Dolores, desde entonces, no hizo más caso al espejo, y prefirió considerar al cuadro como una impresión fiel de su imagen.

La realidad es que aunque Dolores hubiese sido más morena, su belleza se habría apreciado de cualquier forma. Con los años su atractivo creció. En su adolescencia era alta, esbelta y con un cabello casi siempre arreglado en forma de bucles. Una sonrisa cándida y unos ojos negros, capaces de seducir a cualquier adulto, eran su mejor carta de presentación.

El entusiasmo que imprimía a sus clases de baile le sirvieron para que sus padres le reconocieran. Su mejor regalo fue un viaje a Europa. Allí presenciaría de nuevo el espectáculo de "La argentina", Antonia Merced.

En 1921, internada aún en el Colegio Francés, Dolores recibió la primera propuesta profesional de su vida: un grupo de damas de la alta sociedad la solicitaba para bailar en una función de caridad. Por supuesto, la señora Antonia se opuso al principio, pero después consultó con las monjas del colegio quienes, considerándolo un acto de caridad, convinieron en otorgarle el permiso a la joven bailarina.

El coordinador del evento era un aristócrata reconocido: Jaime Martínez del Río y Vilent, famoso entre los círculos elitistas de la ciudad por su refinado gusto por el arte. Se decía que su habilidad en el piano era prodigiosa y de que poseía, además, una excelente voz. Lo cierto es que Jaime, en cuanto miró a Dolores, quedó prendado de aquella belleza adolescente. Había diferencia de 18 años entre uno y otro, pero la relación no era imposible. Jaime Martínez aprovechaba cualquier intermedio de los ensayos para platicar con la jovencita. Su amplia cultura y la experiencia de sus viajes cautivaron a Dolores. Así lo refutaría ella en una entrevista, años después:

> *...lo admiraba. Era un hombre de mundo, había estudiado en España e Inglaterra, era cortés, atento... La diferencia de edad no me pareció bastante inconveniente, sino por el contrario, algo bueno. Me aseguraba protección.*

Al fin, la fecha de la función llegó y Dolores se granjeó el aplauso de los espectadores gracias a sus atinados y sutiles movimientos. Incluso los reporteros de las más prestigiosas secciones de sociales se sorprendieron con la calidad de la adolescente. Al siguiente día, en sus columnas reseñarían la participación de una prometedora bailarina. Sin embargo, la muchachita tuvo que volver a concentrarse en sus estudios, un cuanto distraída por la presencia de Jaime que la cortejaba a escondidas de las monjas. Desde luego, un noviazgo de ese tipo no era bien considerado, y mucho menos, por la crema de la sociedad. Jaime tuvo que armarse de valor y acudir ante la señora Antonia y don Jesús para solicitar la mano de la bella Dolores. La familia no dudó en conceder su hija a un noble caballero de la época que, además de diletante, era poseedor de ricos campos algonoderos en el norte del país.

La boda no se hizo esperar. El 11 de abril de 1921 Dolores y Jaime se casarían ante la Iglesia Católica. Fue el recinto de la Concepción en la calle de Belisario Domínguez, la sede de una suntuosa ceremonia. Aquellos que habían sobrevivido al ataque de los revolucionarios, los "nuevos ricos" de la época y otros se dieron cita en la parroquia.

Estas son algunas notas que los periódicos de aquel entonces publicaron con motivo de la boda:

El vestido de Dolores, estilo princesse, sin adorno alguno en la falda y con larga cauda realzada con rico bordado en tisú de plata fue obra del modista A. Lafage Sueras.

Estuvo presente lo más granado de la sociedad.

La iglesia era un búcaro de alburas y de fragancias.

Aunque Dolores aparentaba mayor edad gracias al bello traje de novia, la diferencia era notable. Jaime era un poco calvo y vestía de manera tan conservadora que se veía mayor. Esto se incrementa debido a su actitud siempre caballerosa y sobria.

María Dolores tuvo que adoptar el apellido de su esposo. Desde entonces recorrería el mundo con el nombre de Dolores Asúnsolo y López Negrete de Martínez del Río.

La luna de miel no podía ser menos que la boda. Dos años en Europa fueron el colofón al festejo del 11 de abril de 1921. La sociedad europea, con la cual Jaime tenía excelentes nexos, los recibió como a unas auténticas celebridades. El *jet set* de aquel entonces era dominado por los duques de Medinaccelli, los Montellano, el duque de Alba y Carlos de Béistegui, uno de los mejores amigos de Jaime. Con largos paseos a través de las más bellas ciudades de Europa, fiestas, funciones de ópera y, por supuesto de ballet, la pareja se solazó en aquella estancia. Adonde quiera que iba la señora Del Río impresionaba su belleza al tiempo que captaba la atención de los hombres; sin embargo, el alto criterio de Jaime le impedía tener celos. Cuando llegaron a Madrid, se solicitó que bailara Dolores a beneficio de los soldados heridos en la batalla de Melilla. Jaime convino en que su esposa se presentara ante un público, que, al final, quedó muy entusiasmado con la actuación. Incluso el rey de España, presente en aquella función, quedó impresionado, tanto así que invitó al matrimonio a una velada en la cual la reina les dedicaría una foto.

A su retorno, Dolores Afirmó:

Al volver a México llegaba bastante madura. Se me había quitado lo infantil, que duró mucho. Ahora que lo pienso creo que en aquellos años éramos muy felices.

Pero esa dicha duró muy poco. Jaime debió trasladarse junto con su esposa al rancho algodonero de Santa Lucía, Durango. Martínez debía recuperar lo que había gastado en Europa e invertir todo su tiempo en el cuidado de sus tierras. Pero ni Dolores ni su esposo estaban hechos para la vida provinciana. La frivolidad, el buen vestir, los viajes, las bellas ciudades, eso era lo suyo. La depresión los abrumó y, además, una terrible sequía desoló al estado. Según Dolores:

En 1924 se perdió toda la cosecha y Jaime se quedó sin un peso. Fue algo terrible para lo cual ninguno de los dos estábamos preparados. Otras familias mexicanas sufrieron lo mismo que nosotros con lo que se llamó el desastre del algodón.

Debemos sumar a esta hecatombe, una tragedia que Dolores vivió en carne viva: la pérdida de un hijo que esperaba. Después del aborto, la orden del médico fue tajante: Dolores no debía volverse a embarazar, de lo contrario, peligraba su vida.

Inevitablemente, la pareja debió regresar a la ciudad de México. Sin duda, su experiencia en Durango había sido impactante. Con el fin de evadir un poco aquella terrible realidad, la pareja solía asistir a cuanta fiesta organizaban sus amigos de la burguesía mexicana. Así, la principal ocupación de Jaime y Dolores en aquellos tiempos, se redujo a ser parte de los más celebrados convites. No sólo eso, sino que la señora Del Río deleitaba a la asistencia con sus sensuales actuaciones, acompañada por su marido al piano.

Adolfo Best Maugard, "Fito", había conocido a Jaime Martínez del Río en París, cuando ambos eran jóvenes. Best o "Fito", era un reconocido coleccionista de arte y excelente pintor; su cercanía con el medio artístico lo había llevado a colaborar con el mismísimo Eisenstein, director ruso que vivió cautivado por el folklore de nuestro país.

"Fito" se había convertido en una especie de mecenas de los Del Río y un admirador secreto de Dolores. Convencido de que la joven merecía un escaparate mayor que las fiestas de la aristocracia, invitó a México a Edwin Carewe, veterano actor y director de Hollywood para que apreciara las virtudes de la hermosa bailarina. "Fito" hizo coincidir a Dolores y a Jaime con el director, en una de tantas fiestas. La señora Del Río se animó, como era costumbre, a bailar para los asistentes, ignorando que ahí se encontraba su descubridor. Carewe quedó arrobado ante la actuación de Dolores, quien armonizaba sus movimientos con la música de Albéniz y De Falla. Ella realizó un baile interpretativo lleno de movimientos sensuales y exactos. Pero Carewe, más que admiración, experimentaba una lujuria extrema, que por supuesto, debía manejar ante la presencia de Jaime. Al terminar la actuación, Carewe no tuvo más que aplaudir y solicitar más y más bailes.

Al día siguiente el director mandó un enorme ramo de flores a la casa del matrimonio, junto con una tarjeta en la que demostraba su entusiasmo y admiración por Dolores.

Carewe, por supuesto, no se conformaría con aquel detalle. A pesar de que le acompañaba su esposa Mary Atkins, el director consiguió un nuevo encuentro con Dolores. Éste se realizó en la propia casa del matrimonio mexicano. Allí, Carewe lanzó la propuesta que cambiaría la vida de los Del Río: deseaba hacer de Dolores toda una estrella de Hollywood "ya que tenía el rostro que correspondía a la mujer en la línea de Rodolfo Valentino".

Debemos recordar que en esa época el "Fenómeno Valentino", acaparaba los cines de Hollywood. Ricardo Cortéz, Antonio Moreno y Ramón Novarro habían tratado de emular al mayor ídolo latino que haya llegado a Hollywood. Sólo que hacía falta una versión femenina del galán. Carewe comprendió que podía matar dos pájaros de un tiro: hacerse famoso con Dolores y, con el tiempo, conseguir una bella amante.

Jaime Martínez pensó que aquella oportunidad lo podría sacar de sus apuros económicos. Además, podía cumplir el sueño que alguna vez tuvo: escribir guiones y diseñar escenarios para Hollywood. Así es que no mostró oposición a la propuesta de Carewe. Dolores tuvo que acceder aunque desconfiaba de sus dotes artísticas. Su madre, Doña Antonia, apoyó la decisión lo mismo que Don Jesús. Pero la familia de Jaime no pensó lo mismo. De inmediato se opusieron: ¿Cómo la esposa de un Martínez del Río, caería en un mundo como el de Hollywood, lleno de prostitución y vicios? Dolores, con elocuencia, nos ofrece detalles de esta oposición y de su actitud para vencerla:

> *Se espantaron. La familia de mi marido no lo podía creer. Fueron a ver a Jaime para decirle que estaba loco... yo reaccioné con firmeza, como suele suceder a la gente tímida, y comencé por hace las maletas sin consultar a nadie más...*

La despedida oficial de la pareja se celebró en la casa de Eduardo Iturbe, regente de la ciudad durante el periodo de De la Huerta y amigo de Dolores. La recepción fue suntuosa, y pocos fueron los privilegiados que tuvieron derecho a asistir a aquella despedida. Durante un momento de la celebración. Iturbe solicitó la palabra: "Voy a ser profeta: auguro tu éxito en Hollywood, Dolores". El baile duró toda la noche y la pareja se despidió hasta las ocho de la mañana. Debieron abordar el tren que tardaría cinco días en llevarlos hasta Los Ángeles. En el transcurso, Dolores no pensaba más que en su debut frente a las cámaras, mientras que Jaime redactaba las primeras líneas de su guión.

Su llegada a la meca del cine

Acerca de Jaime Martínez del Río, corrían algunos rumores maliciosos. La mayoría de ellos afirmaban la doble sexualidad del aristócrata. A esto había contribuido su amistad con "Fito", quien años después se convertiría en uno de los principales mecenas de "Los contemporáneos": Carlos Pellicer, Salvador Novo, Jorge Cuesta y otros jóvenes poetas de nuestro país, célebres por sus preferencias sexuales.

La verdad es que los medios de aquella época no encontraban otra explicación para la mente abierta de Jaime. Y ¿cómo no sospecharlo? Si años antes el muralista Diego Rivera le había solicitado a Dolores para que posara semidesnuda. En efecto, el más famoso pintor del siglo XX mexicano, la había plasmado como "La justicia" en su célebre mural de la Escuela Nacional Preparatoria. Desde luego, a la inauguración de esta obra no asistió la familia de Dolores, pues estaban avergonzados de que su hija hubiese tomada parte en "tal adefesio".

Pero Jaime había tolerado la participación de su esposa y ahora se embarcaba con ella a Hollywood para que se convirtiera en el amor platónico de muchos. Sea como fuere, Jaime siempre se abstuvo de intervenir en la carrera profesional de Dolores.

En cuanto la pareja arribó a Los Ángeles, un contrato por 250 dólares esperaba a la próxima actriz. Esta cantidad no era casi nada, si consideramos el desenfrenado consumismo de la pareja. La cifra apenas alcanzó para la renta de una pequeña casa, la adquisición de un vehículo y los alimentos.

Dolores debió ingresar de inmediato a los estudios cinematográficos, mientras Carewe se dedicaba a preparar la prueba. Su mayor deseo era obtener de Dolores la imagen de una diva exótica, indígena y a la vez moderna. Para ello pidió a los maquillistas que resaltaran los pómulos de la mexicana, al tiempo que un vestido blanco de noche cubría su hermoso cuerpo.

La prueba fue exhaustiva. Un día completo fue dedicado para que Dolores sonriera, bailara, caminara y mostrara sus bellos ojos a las cámaras de Hollywood. Cuando, por fin, Dolores tuvo un descanso, se convenció de su nueva vida: trabajo, trabajo y más trabajo. Se encontraba, además, nerviosa, pues aún dudaba de su éxito.

Para elaborar a la estrella fue necesaria la intervención del afamado publicista, Henry Wilson. Éste se encargó de fabricar la imagen de Dolores y de divulgarla por doquier. Lo primero fue recortar ese nombre tan largo. La solución fue la siguiente: eliminar el Asúnsolo y López Negrete para dejarlo en Dolores Del Río.

Carewe, como lo recordamos, tenía otro tipo de proyectos con Dolores. El siguiente paso era alejarla de su marido a como diera lugar. Para ello el astuto director le impuso toda una rutina de clases en los sets cinematográficos: lecciones de gimnasia, de dicción, de canto, actuación, equitación y, por supuesto, de inglés. Así Dolores pasaría todo el tiempo fuera de su hogar.

Dolores Del Río, la heredera y primera dama de la alta sociedad mexicana que llegó recientemente a Hollywood con un cargamento de chales y peinetas valoradas en 50 mil dólares (se dice que es la muchacha más rica gracias a la fortuna de su marido y de sus padres) hará su debut cinematográfico en la película Joanna, *dirigida por su descubridor Edwin Carewe. La película empezará a filmarse próximamente en los estudios de la First National.*

El responsable de esta nota periodística fue, por supuesto, el astuto publicista Wilson. En base a unas pequeñas mentirillas cumplía al pie de la letra su trabajo.

De aquella nota un cuanto exagerada se puede decir que la parte más verídica era lo referente a la cinta *Joanna.* Ésta se convertiría en la primera oportunidad para la naciente estrella.

Pero era una realidad llena de trabajo exhaustivo para Dolores. Sus contados descansos los compartió con la vestuarista Peggy Hamilton, quien se convertiría en una de sus más entrañables amigas.

El papel de Dolores era de por sí exótico: una vampiresa de sangre brasileña y española, llamada Carlotta Da Silva, que intervenía intempestivamente en la vida de la protagonista. A fin de cuentas, un pequeño papel.

Cuando se estrenó la cinta Dolores invitó a sus padres, a sus amigos y a su esposo. ¡Oh desilusión! Dolores aparecía en el tercer lugar de los créditos y lo peor, su intervención apenas si ocupaba unos minutos en la cinta.

Joanna se estrenaría en nuestro país el 6 de marzo de 1926. Como ha sido costumbre se pensó en un subtítulo para redondear (o para echar a perder) el nombre de la película: *Joanna o la muñequita millonaria.*

El orgullo sacó a flote a la nueva actriz de Hollywood que bien pudo marcharse a su lugar de origen sin gloria y sí con mucha pena. Con firmeza, Dolores decidió quedarse en la Meca del Cine, hasta conseguir un protagónico. Después del estreno, la actriz habló seriamente con Carewe: necesitaba un papel principal. El director, con oficio de sobra, la convenció de que todo llegaría a su tiempo. Además, en su pequeña aparición en *Joanna* había lucido muy bien. Paciencia, eso es lo que pidió Carewe a la novata.

El éxito en taquilla de *Joanna,* si no fue espectacular, por lo menos logró buenas ganancias. Esto ayudó a que Dolores interpretara un nuevo papel en *High Steppers* (sin título en español), dirigida, obviamente, por el mismo Carewe.

Este rodaje sería la presentación ya no experimental, sino formal de Dolores ante los espectadores. Después de su aparición en *High Steppers*, el público masculino no pudo olvidar ese rostro tan bello. Vino después *The Whole Town's Talking*, pero la estrella mexicana explotó en *El precio de la gloria.*

Para llegar al éxito, Dolores tuvo que ser "cedida" al director Raoul Walsh. Carewe mismo se encargó de llevarla a los nuevos estudios. Pero lo hizo sin imaginar que Walsh, se apasionaría de la misma manera que él por Dolores. Claro, el nuevo director se cansaba de afirmar que Dolores era la actriz perfecta para encarnar al personaje de Charmaine, protagonista de *El precio de la gloria.*

> *Necesitábamos una figura femenina que diera el tipo y carácter de la muchacha traviesa llamada Charmaine, la encontramos en una de las chicas más encantadoras que haya dado México: Dolores Del Río.*

El precio de la gloria, había alcanzado un gran éxito en Nueva York, gracias a sus representaciones teatrales. Se trataba de una historia en la que dos soldados estadounidenses, miembros del ejército aliado en Francia, disputaban el amor de la dulce Charmaine.

Había pasado muy poco tiempo de la primera actuación en *Joanna*, pero Dolores parecía adaptarse a la perfección al sistema hollywoodense. El resultado de su esfuerzo se reflejó en la taquilla. El 27 de noviembre se estrenó *El precio de la gloria* y de inmediato el público se arremolinó a las salas. En el Roxy Theather de Nueva York la cinta recaudó 780,000 dólares. ¿Por qué era tan importante triunfar en ese cine? Dolores lo aclara con sus propias palabras:

> *El Roxy era la catedral del cine y creo que fue lo que más me impresionó de Nueva York. Era algo suntuoso en esa época en que los cines importantes eran verdaderos palacios cargados de estatuas y decoraciones muy extravagantes.*

No sólo la gente reconoció el trabajo de la actriz mexicana, sino la crítica local. Así lo señaló el *New York Times:*

> *La encantadora de la película es personificada por Dolores Del Río quien con no pequeño abandono da una excelente caracterización a tono con el tipo de mademoiselle D'armentiers.*

Claro, hubo un sector del público que chocó en contra de la película. Se trataba de un grupo de moralistas que acusaban a Walsh de que sus actores utilizaran un lenguaje soez. Con todo, *El precio de la gloria,* figuró entre las diez mejores películas de 1926.

Estados Unidos entero quería conocer en persona a la nueva estrella. En 1927 Dolores sería invitada por el presidente Hoover a la Casa Blanca. La revelación de Hollywood llegó acompañada de su madre y fue presentada a Hoover por el embajador Téllez. Ese mismo año surgiría una oferta de la WAMPA (Asociación de Publicistas de Películas de Occidente) para que Dolores perteneciera al elenco de las WAMPA'S Baby Stars. La oferta consistía en que Dolores hiciese presentaciones y participara en pasarelas junto a las más celebradas divas de Hollywood. El éxito fue inesperado. En realidad, el público estadounidense comenzaba a idolatrar a Dolores.

En México, *El precio de la gloria* tuvo resonancia sobre todo por el éxito logrado en el país vecino. Para algunos apasionados reporteros la cinta significaba "el triunfo de México en el arte". Sin embargo, el escándalo no se hizo esperar debido a la fotografía del lanzamiento: Edmund Love, uno de los galanes, besaba el hombro desnudo de Dolores.

Como sea, el éxito en Estados Unidos fue tan grande que se pensó en una secuencia. Según Dolores:

> *La Fox quería que el mismo grupo de actores de* El precio de la gloria *hiciéramos una continuación, una segunda parte*

de la película y creo que ya estaban escribiendo la historia. Después, el proyecto se abandonó no sé por qué.

En efecto, *El precio de la gloria II* fue sólo una ambiciosa tentativa. Ya consagrada, Dolores fue convencida por Carewe para que hiciese una película con la compañía United Artist (dirigida por Douglas Fairbanks, Charles Chaplin y otros). Dolores no pudo negarse ya que se le ofrecía la oportunidad de lograr un contrato exclusivo, rico en ganancias. El film que United Artist tenía pensado para Dolores, era la adaptación de la novela *Resurrección* del escritor ruso León Tolstoi.

Con esta cinta Dolores alcanzó la altura de estrella. Entonces asistió al estreno de la cinta en 1927, a bordo de una limosina negra. Le acompañaba su marido. El Criteron Theather de Los Ángeles abrió sus puertas a la mujer que arrasaba en el gusto popular. Los invitados a la premier eran por demás célebres: Gloria Swanson, Mary Pickford, Douglas Fairbanks e incluso uno de los descendientes del novelista ruso. Al momento que el maestro de ceremonias presentó a Dolores el público se desbordó en alaridos y ovaciones. La crítica, por su parte, respondió favorablemente:

"Pocos actores de cine han dado alguna vez una actuación tan fina en un papel tan difícil".

New York Times

"La poderosa historia de Tolstoi convertida en una de las mejores películas de la temporada... presenta a Dolores Del Río como una de nuestras grandes actrices".

Photoplay

"La estrella mexicana descubierta por el astuto Carewe nos demuestra que es una artista soberbia".

The Evening World

"Lo que más nos complació fue el trabajo de Dolores Del Río, quien con esta cinta nos demuestra que se ha colocado donde los mejores artistas del arte mudo quisieran estar".

New York American

Desde luego, en nuestro país se propagó el eco del éxito:

> *...estás líneas justicieras están dedicadas por la sinceridad de un cronista que muy raras veces acude a los salones cinematográficos y no tiene otro fin que el de loar y ensalzar la magistral labor de Dolores del Río, artista mexicana que ha logrado imponerse contra todas las bajas pasiones y todas las intrigas y todos los obstáculos que se ponen a los que ansían llegar a la gloria y arrancar de su firmamento una estrella para orgullo de nuestra nacionalidad.*
>
> Enrique Del Llano, *Excelsior.*

En México, la cinta fue presentada con una partitura especial del compositor Alejandro Meza, lo cual añadió lirismo a la cinta y, claro, atrajo una muchedumbre a las salas de cine.

El año decisivo en la carrera de Dolores fue 1927. En abril se le ofreció la oportunidad de interpretar a Carmen, el personaje de Prosper Merimée inmortalizado por Georges Bizet a través de su ópera homónima. Roul Walsh quien dirigiera a Dolores en *El precio de la gloria* había hecho una versión en cine mudo teniendo como protagonista a Theda Bara. Mas el director pensó que la actriz mexicana podría dar mejores resultados debido a su tipo latino y su sensualidad. En pocas palabras era la Carmen que todos soñaban. Sólo que Walsh tenía una visión propia de la protagonista, muy distinta a como la había concebido Merimée y el mismo Bizet. Según el texto original, Carmen se presentaba "vestida con una falda roja muy corta, medias blancas de seda, rotas, y vistosos zapatos colorados atados con lazos rojo fuego. La mantilla echada hacia atrás dejaba ver los hombros y en el escote un gran ramillete de flores de acacia".

Pues bien, Walsh hizo que Dolores fuera caracterizada con un vestido blanco, muy elegante y un gran escote que sugería el tamaño y forma de los senos. Zapatos blancos, al igual que las medias y una peineta de carey redonda cubierta por una mantilla enorme: esto completaba la imagen de la nueva Carmen. La cinta representó el primer protagónico oficial de Dolores. Con ella alternaría Victor Mclaglen en el papel de Escamillo (muy poco adecuado, por cierto, pues Mclaglen era demasiado robusto para vestir el traje de torero).

La mayoría de los críticos censuró la cinta. En primer lugar aducían que Walsh había desvirtuado la trama original del novelista francés. Pero debemos disculpar un poco al director, pues parece que no tuvo la asesoría adecuada. Según Rafael Martínez Gandía:

> *Raoul Walsh, contrató a cuatro señores, a los que él suponía debidamente documentados y capacitados para que lo aconsejaran en cuestiones de ambiente. De los cuatro consejeros, tres eran españoles, y uno estadounidense. De los españoles, uno era escultor y fue escogido gracias a una poderosa recomendación del duque de Alba. Otro que se decía torero y el tercero, un torero de verdad. El estadounidense era el que tenía más atribuciones y el que cobraría más salario. Había vivido algún tiempo en Madrid como empleado de la embajada de su país, y gracias a esa feliz circunstancia pudo estudiar profundamente el ambiente de Sevilla que, como se sabe, sólo dista de la capital de España varios centenares de kilómetros.*

Por si fuera poco algunos banderilleros eran presentados a caballo y los sacerdotes aparecían con vestimentas poco adecuadas para su categoría. Pero lo más escandaloso de la cinta fue la imagen de una Carmen que desbordaba sensualidad con movimientos en demasía sugerentes y una sonrisa muy subliminal. Cuestión que escandalizó a los cronistas de la época, sobre todo en México. Una tal Luz de Alba escribiría bajo el seudónimo de Cube Bonifant:

Por lo visto, Dolores del Río sigue empeñada en ser actriz muda. Creímos que después de verse en la pantalla tendría por primera vez, una idea inteligente; la de retirarse a un "music hall". ¿No tiene tan buena voz? Pero he aquí que llega de nuevo para mostrarnos por centésima vez, lo único que tiene: las extremidades inferiores. ¡Dios mío! ¿Para qué las enseña tanto, si las conocemos hasta de memoria, como el señor Carewe, Raoul Walsh y demás que le han dirigido? No parece sino que la aristócrata futura del señor Carewe tiene el temperamento en los pies, lo que, por lo demás, justifica su fama.

Así era, los medios se cansaban de sospechar una relación clandestina entre Carewe y Dolores. Pero lo cierto era que el director norteamericano no había llevado a fin sus intenciones iniciales y se conformaba con manejar la vida artística de Dolores.

Después de *Los amores de Carmen* (como se llamó al final la cinta) Carewe le propuso protagonizar *Pasaje a la luna* que sería dirigida por John Griffth. El film llegó a México con el sobrenombre de *La virgen de las amazonas* y sólo sirvió para que Dolores cumpliera dos años de estar en cartelera sin descanso alguno.

Eran muy necesarias unas vacaciones, pero los productores exigían a la estrella mexicana. Clarence Brown, solicitó la participación de la gran estrella para que protagonizara *The Trial of 98*. Dolores aceptó pues Brown tenía fama de explotar al máximo la belleza de las actrices norteamericanas. Sin embargo, el cansancio se manifestó en una de las escenas en las que Dolores sufrió un desmayo. Pero su profesionalismo evitó que la cinta se suspendiera. Del Río terminó de grabar las escenas, no obstante su agotamiento. Al finalizar el rodaje se embarcó junto con su marido a Hawai. En este viaje vivieron una segunda luna de miel en la cual arreglaron asuntos muy íntimos. Dolores reiteraba a Jaime que lo de Carewe sólo eran trucos publicitarios. Pero Martínez del Río no parecía dispuesto a seguir ese juego; además, como guionista había fracasado y poco le quedaba hacer en Hollywood.

Dolores vivía un gran conflicto: sentíase comprometida con Carewe por haberla llevado al estrellato y su relación con Jaime se había enfriado. Como fuera, la pareja se mantuvo estable hasta su regreso de vacaciones; mas los lazos que la unían eran demasiado frágiles.

Para 1928 el cine mudo comenzaba a ser parte de la historia. Lo novedoso era la introducción del sonido en las cintas. Todo un gran reto para los actores y divas que habían alcanzado la altura de dioses gracias al cine no hablado. Dolores enfrentó esta realidad con cierto temor, pero, al final se impuso de una manera sorprendente. No sólo actuó con soberbia en su primera película hablada *Ramona*, sino que se animó a interpretar el tema principal de la cinta.

Ramona era una novela de Helen Hunt Jackson adaptada al cine. Su trama nos presenta a una heroína norteamericana que se enamora de un indio. Durante el rodaje de la película dirigida por Carewe, se filtraron nuevos rumores acerca de sus amoríos con Dolores. Esto representó un muy buen éxito en taquilla, aunque un golpe demasiado duro para Jaime Martínez del Río.

En México *Ramona* se exhibía con la voz de Dolores interpretando la canción tanto en inglés como en español. La cinta reconcilió a la estrella con la crítica:

> *Saliendo del género estrictamente erótico, (Dolores) representa un tipo de mujer perfectamente humano, que obra, piensa, razona y siente como el resto de los mortales.*

Por su parte el *New York Times* aseveraba:

> *La elección de Dolores Del Río para el papel de "Ramona" es excelente. Su interpretación es un logro. Ni por un momento sobreactúa, a pesar de que llora y esté histérica durante toda*

la película. Es extremadamente cuidadosa en todos los estados de ánimo de su personaje, su belleza es otro punto a su favor.

Las noticias, en lo profesional, eran bastante halagüeñas, no así las que rodeaban su vida sentimental. Poco tiempo después de que la cinta se estrenara, Jaime Martínez del Río decidió dejar la casa que compartía con su esposa para viajar a Nueva York. Su idea era colaborar en la obra *Del infierno vino una dama,* y alejarse de los chismes que asolaban su matrimonio. Dolores interpretó esto como una separación definitiva. Apoyada por Carewe y a través del abogado Gunther Lessing, la estrella presentó una demanda por abandono de hogar. Jaime se enteró de esto gracias a los diarios de Nueva York. El divorcio era inevitable. De inmediato Dolores inició los trámites legales y el 20 de abril se fraguó la separación. Claro, como en Estados Unidos no se podía cancelar un matrimonio que había tenido su origen en México, el juicio se llevó a cabo en Sonora. Los periódicos no tardaron en divulgar:

El juzgado de dicha ciudad mexicana dictó un auto concediendo a la popular artista Dolores Del Río, el derecho pleno para divorciarse de su esposo Jaime Martínez del Río, por incompatibilidad de caracteres... La estrella aseguró que no se casará con el director Edwin Carewe, quien recientemente presentó una demanda de divorcio contra su mujer Mari Atkins.

Efectivamente, Carewe no perdía su tiempo y aceleraba los trámites de su separación para poder cortejar con libertad a Dolores. El director estadounidense tenía un plan: buscar locaciones en México para filmar su último proyecto *Venganza,* en compañía de Dolores, y así asegurar un encuentro íntimo durante el viaje. Pero las cosas se complicaron, pues el yate de Carewe sufrió una descompostura en el golfo de California; además, desde Estados Unidos le llegó la noticia de que su aún esposa Mary Atkins se negaba a aceptar cualquier propuesta de divorcio. Por si fuera poco, se solicitaba que tanto la estrella como el director regresaran lo más pronto posible a Hollywood para filmar *Venganza* en estudios cerrados. La razón de la prisa: Dolores debía ofrecer una gira por Europa.

Así, después de la filmación, Dolores se embarcó hacia el viejo continente donde fue recibida como toda una reina. En París, el delegado mexicano la agasajó con un convite al cual asistió toda la aristocracia francesa. En Londres tuvo un caluroso recibimiento, aunque también un encuentro inesperado.

Jaime Martínez del Río, por alguna razón, residía en esa ciudad desde algunos meses. El hotel Savoy era el lugar donde el ex esposo de la diva acostumbraba hospedarse. Por razones del azar, Dolores se alojó en el mismo sitio. Por supuesto, el reencuentro tuvo que darse. Con madurez de sobra, Dolores y Jaime entablaron una conversación en el café del Savoy y al final se despidieron de manera amistosa.

Cuando la estrella regresó de Europa, la prensa neoyorkina se abalanzó sobre ella para preguntarle acerca de su relación amorosa con Carewe. Dolores respondió: "Mr. Carewe es un gran director, un fino caballero, un gran productor, un gran artista. Somos amigos, somos compañeros en el mismo arte, el cine. No me voy a casar con Mr. Carewe".

Los reporteros interpretaron esa respuesta como una forma muy altiva de evadir la realidad. Al día siguiente aparecieron las críticas en contra de la estrella mexicana, debido a su respuesta tajante. Pero la peor noticia no era esa, sino que Jaime Martínez del Río agonizaba en Berlín.

Son muy oscuros los últimos días de Jaime. Parece que se paseaba de ciudad en ciudad buscando olvidar a Dolores. El hecho de que Martínez no se hubiese establecido en

París (donde podía encontrar el apoyo de sus amigos) definitivamente nos hace sospechar que deseaba estar solo y que le pesaba una terrible depresión. El diagnóstico de su muerte no se ha conocido hasta el día de hoy; pero se habla de un "envenenamiento en la sangre". Inevitable deducir un suicidio.

Para Dolores aquello representó uno de los más fuertes golpes que hubiera recibido en su vida. Se dice que hasta pensó en recluirse en un convento. Su familia la apoyó en su tristeza e incluso mandaron a Los Ángeles un sacerdote para que la consolara en lo espiritual. Este dolor sólo pudo describirlo la estrella:

> *Me quedé viuda después de divorciarme: así me sentía yo después de la muerte de Jaime.*

Un nuevo inicio

Edwin Carewe imaginó que sin la figura de Jaime, el camino para conquistar a Dolores estaba completamente libre. Cuando comenzó el rodaje de *Evangeline,* donde la diva mexicana desempeñaba el papel principal, Carewe se volvió insoportable; su acoso era continuo y franco. Cuando terminó la filmación, Dolores debió rechazar, de manera tajante, a Carewe y romper el contrato que la unía artísticamente con él. Claro que el reconocido y veterano director se sintió defraudado y traicionado así es que no tardó en vengarse levantando una fuerte demanda en contra de la mexicana. Para fortuna de la estrella hollywoodense, contó con la asesoría de los abogados de la *United Artist* quienes sugirieron indemnizar a Carewe. Del Río hizo caso y mediante una suma considerable, logró deshacerse de todos los nexos que le unían al viejo director.

Evangeline, a la postre, fue aceptada tanto por el público como por la crítica: "Dolores Del Río con su ardiente belleza latina disimulada bajo una gorra mustia y el atuendo de heroína arcádica da una conmovedora y graciosa actuación;" según *Photoplay.* Para *Picture Play*: "*Evangeline* es la mejor actuación de Del Río desde *Resurrección.* Es bellamente sincera e infinitamente patética".

Evangeline era la clásica historia de los enamorados que deben separarse antes del matrimonio. Aunque ambos tienen innumerables ocasiones para unirse con otras personas, se mantienen fieles el uno al otro. Una trama que por demás seducía al público. Como había sucedido con *Ramona, Evangeline* tenía un extra: Dolores interpretaba el tema principal. Según *Photoplay*: "Su canto es cautivador, su voz flexible y dulce".

El éxito de la cinta ayudó a que Dolores se reanimara. Había sufrido toda clase de experiencias sentimentales, desde el acoso sexual hasta la muerte de un ser amado. Pronto comprendió que el público la adoraba y que ella misma se quería demasiado. No podía desgastar su juventud y talento recordando a su primer esposo. Pronto se presentaría ante los medios para declarar:

> *Quiero ser feliz. Ahora por primera vez en mi vida soy yo misma, hago lo que quiero hacer, tengo el goce de mi vida y la alegría que nunca tuve cuando era joven porque me casé demasiado pronto, apenas a las dos semanas de salir del convento. Quiero tener un romance, reír y hablar de nada.*

Pero el hombre que esperaba a Dolores no era precisamente alguien que no hablara de nada.

Cedric Gibbons, nativo de Nueva York era hijo de irlandeses católicos y prósperos en los negocios. Se trataba de un hombre que había pasado por Europa, lugar que le impactó y lo marcó de por vida. Desde entonces comenzó a formar una enorme colección de libros de arte y arquitectura. Después de Europa, estudió pintura en Nueva York. Gracias a esto logró un trabajo con Hugo Ballin, pintor y diseñador de escenografía teatral. Después de esa experiencia, comenzó la carrera de Gibbons en el cine como asistente de director de arte. De 1914 a 1916, participó en casi cien películas. Su enorme experiencia pronto lo volvió célebre en la Meca del Cine. Fue responsable de establecer los conceptos contemporáneos del director artístico. Gustaba de la elegancia y era afecto al art decó. Sus escenarios, llenos de aluminio cromado, pisos blancos y negros y ángulos por doquier eran reconocidos en el mundo. Además, fue el responsable de diseñar el famosísimo Óscar que hasta el día de hoy concede la academia a lo más reconocido del cine mundial. Pero lo que más sobresalía en Gibbons era su propia imagen. Así lo describe Dolores:

Era bastante más alto que yo, él decía que mi boca le llegaba a la corbata, y vestía de manera muy cuidadosa, incluso cuando jugaba tenis parecía irreprochable. Sus amigos le llamaban "el inglés". Usaba un bigote muy a la moda de entonces, el mismo afilado y cuidado que había hecho muy popular a algunos artistas de cine; Robert Taylor, Clark Gable y William Poweel, por ejemplo...

Según algunas versiones, Dolores conocía a Gibbons desde la filmación de *Resurreción*. En ese entonces había entablado una buena amistad con Cedric, pero su compromiso con Jaime y el acoso de Carewe no le habían permitido ir más allá con ese atractivo e interesante hombre. Según otra versión, Dolores y Cedric se conocieron en una fiesta organizada por la célebre pareja Marion Davies y William Randolph Hearst. Ambos eran toda una celebridad en Hollywood. William era un gran magnate de los medios periodísticos cuya influencia en la opinión pública era determinante. Se dice que fue uno de los principales impulsores de la guerra entre Estados Unidos y España. Davies, era su musa, una actriz a la que Hearst idolatraba al grado de haber fundado una compañía cinematográfica que sólo filmaba películas con la Davies: la Metropolitan Pictures.

La pareja era reconocida, además, por las enormes fiestas que llevaban a cabo en el castillo de St. Simeon, ubicado en lo alto de las montañas de Santa Lucía.

Pues bien, Dolores recibió la invitación para uno de los convites en el castillo y no pudo menos que aceptar. Al mismo fue citado Gibbons junto con otras celebridades de Hollywood. Mientras Del Río hojeaba un libro sobre animales en la enorme biblioteca de los Hearst se encontró con el apuesto Gibbons. El impacto físico fue común y la galantería de Cedric no se hizo esperar: "Si usted se interesa por los animales, tiene una gran oportunidad de verlos personalmente. El mejor zoológico de California y de los Estados Unidos se encuentra aquí mismo". La cita no tardó en formalizarse y juntos recorrieron el zoológico. El colofón de aquel encuentro fue una cena esa misma noche en el castillo de los Hearst donde no se les vio ni un momento separarse.

El noviazgo fue todo un evento para la farándula. Y los periódicos sensacionalistas publicaban los paseos que, cada noche, la pareja realizaba. Era el año de 1930, Dolores tenía veinticinco años, era viuda y toda una celebridad. ¿Por qué no habría de aceptar un nuevo matrimonio?

El compromiso se formalizó una vez que Gibbons regaló a la diva un enorme diamante. Un miércoles 6 de agosto a las 5:40 Dolores y Gibbons se unirían en una ceremonia fastuosa celebrada en la iglesia de la Misión de Santa Bárbara, California. Acudieron, por supuesto, los padres de la mexicana y muchos invitados de su parte. Benjamín Glazer, jefe de producción de la Pathé, fungió como padrino. En esta ocasión la luna de miel no fue tan extensa y no hubo necesidad de ir hasta Europa como en el primer matrimonio. Fueron suficientes unas semanas en Monterey, California.

Pero lo que necesitaba Dolores era descanso, no diversión. Había pasado mucho tiempo en actividad y como lo dijimos antes, había sufrido todo tipo de experiencias sentimentales. Pronto su cuerpo no pudo más y enfermó inevitablemente. Una pielitis aguda, grave infección en los riñones, la tuvo en cama durante varios meses. El resto de ese 1930, la pasaría descansando y reponiéndose.

En cuanto arrancó el año de 1931, la vida de Dolores retomó su ritmo vertiginoso. El primer paso fue cambiar de residencia. Para ello Gibbons había mandado construir todo un palacio lleno de comodidades y lujos. Así lo describe la misma Dolores:

> *No me dejó conocer la casa en la que viviríamos hasta que la dio por terminada. Entonces me tomó en brazos y entró conmigo. Yo le había dicho que me adoraba (sic) la lluvia: así que me sentó en un sillón y fue a apretar unos botones; a través de*

los grandes cristales del ventanal, comencé a ver caer la lluvia. Había dispuesto un mecanismo para que yo tuviera lluvia cuando me apeteciera.

Viviendo en una gran mansión, Dolores tuvo todo el espacio y la tranquilidad para terminar de recuperarse. Su nuevo marido le recomendó que tomara algunas clases con el maestro de la Metro Goldwin Mayer, Oliver Hindsell, para distraerse y al mismo tiempo retomar el ritmo de trabajo.

En julio de 1931 se le ofreció un contrato con la compañía cinematográfica RKO Pictures, muy bondadoso, ya que incluso le pagaba el tiempo que Dolores invirtiera en descansar. El compromiso era por dos películas y con opción a renovarse. Así, el proyecto de *La paloma* no tardó en convertirse en una realidad. Pero los productores y directores no estaban del todo contentos con aquel título, así es que pensaron buscarle uno más atractivo. Se barajaron muchos nombres y por fin se acordó que *Ave del paraíso*, resultaría la más indicada.

El papel de Dolores era el de una mexicana que trabajaba en un café de la frontera y la cual era acosada por todo tipo de galanes. De su actuación se desprenderían comentarios como el siguiente:

Miss Dolores Del Río, la exquisita latina, la que ha traído de México más belleza incluso que Diego Rivera... quizás no sea más hábil o experimentada como de costumbre, pero su belleza morena, extranjera, le cuadra tan admirablemente a su papel que como nunca está admirable y triunfa al dotar el film de mucho más belleza que la lograda por su director y camarógrafo, no obstante el millón de dólares gastado.

New York Herald Tribune

En efecto, el filme tuvo un costo elevadísimo, si consideramos la situación de Estados Unidos que se recuperaba de la grave crisis del 29.

El clímax de la cinta, y el que experimentaban los espectadores, era cuando Dolores nadaba aparentemente desnuda. La escena fue tan bien lograda que convirtió a Dolores en un auténtico símbolo sexual. La mente de los cinéfilos volaba cuando veían el cuerpo de la mexicana volviéndose tan líquido como el agua.

El éxito en taquilla, a pesar del morbo, no satisfizo las ambiciones de la RKO. Sin embargo, se inició la siguiente película que estipulaba el contrato. *Volando a Río*, era una especie de comedia musical en que alternarían al lado de la mexicana, los bailarines y estrellas Fred Astaire y Ginger Rogers. Hoy, las escenas entre estos dos últimos son inolvidables, en especial la del tango. El final, por demás hollywoodense mezcla una coreografía con el vuelo de algunos aviones. La cinta fue un triunfo en taquilla, pero la codicia de la RKO, impidió que Del Río continuara en la empresa.

En 1933, la estrella fue invitada por Jack Warner (el mayor de los Warner Bros), para protagonizar dos cintas: *Cabaret trágico* y *Madame du Barry*. La primera fue todo un logro, pues hacía coincidir a varias estrellas del momento: Ricardo Cortéz, Kay Francis (estrella exclusiva de la Warner) y otros más. La segunda resultó un escándalo; tanto así que fue censurada y editada. La trama de ésta se desarrollaba en la corte de Luis XV, por lo cual Dolores fue mostrada al público con una peluca rubia. Más tarde publicaría el *New Yok Times*:

> *Un reescrito suntuosamente bello... una fiesta para el ojo, pero muy poco para la mente. El espectáculo encuentra entretenimiento al admirar la bella figura que presenta Dolores Del Río... pero no es un verdadero personaje, sino una litografía pintada por un pincel.*

Esto es un claro indicio de que la imagen de Dolores comenzaba a desgastarse en Hollywood.

Profeta en su tierra

En el año de 1934 tendría lugar el primer reencuentro de Dolores con su país. Resulta que el gobierno mexicano la invitaba, junto con otras estrellas, a la inauguración del Palacio de Bellas Artes.

Como sucede, por desgracia, a la mayoría de personalidades que triunfan en otro país, en torno a Dolores del Río corrían una serie de rumores acerca de su aversión contra México. Muchos periódicos amarillistas afirmaban que la estrella hollywoodense se había hecho pasar por española para triunfar. Otros se cansaban de publicar falsas declaraciones, en las cuales Dolores se afrentaba de ser mexicana o despreciaba a los artistas nacionales.

Pero el día que Dolores arribó a la estación de Balbuena, el 7 de agosto de 1934, su fama se reivindicó. Una multitud, entre la que se encontraban sus padres, la recibió como a una heroína. La estrella se dedicó de inmediato a limpiar su imagen ciertamente maltrecha:

> *Yo nunca he dicho nada malo de mi patria. La admiro en sus virtudes y la amo en sus defectos. Naturalmente, desearía que no tuviera esos defectos, pero de este deseo a denigrarla hay una diferencia enorme. Jamás he negado mi nacionalidad, al contrario, me siento muy satisfecha de ser mexicana...*

Con estas declaraciones quedó muy clara la posición de la actriz. Los columnistas debieron reconocerla:

> *Después de una larga ausencia regresa a la patria Dolores del Río.... los pueblos deben honrar a los hijos que, con el triunfo*

de su capacidad personal, en cualquier actividad los prestigian. Si esto es verdad cuando se trata de hombres de ciencia, de literatos, de artistas, de hombres de armas, con mayor razón debe ocurrir en el caso de una mujer. Debe enorgullecernos el éxito de Dolores del Río y habremos de aplaudirla sin reservas y demostrarle nuestro cariño y nuestra admiración.

Cuando Dolores cumplió con el compromiso de asistir a la inauguración del máximo escenario artístico en nuestro país, se dirigió junto con su esposo a Cuernava. A ese lugar la habían invitado para que admirara los murales que su amigo, Diego Rivera, preparaba. Por supuesto, el muralista se encontraba en el lugar junto con Frida y el embajador de Estados Unidos en nuestro país. Después de admirar el trabajo de Rivera en el palacio de Cortés, la pareja se trasladó a Xochimilco, en una chalupa con el rótulo "Lolita" la mexicana sería inmortalizada por los fotógrafos de los periódicos nacionales y extranjeros.

Al cabo de tres semanas en México, Dolores regresó junto con Cedric a su lugar de trabajo ya que los compromisos la esperaban.

Lloyd Bacon y Busby Berkeley eran los encargados de dirigir un proyecto cinematográfico llamado *En caliente*. Esta cinta exhibiría a Dolores compartiendo el protagónico con Pat O'Brien, galán de origen irlandés. A ésta le siguió *I Live For Love* y *La viuda de Montecarlo*. Pudiéramos afirmar que todas estas producciones fueron intrascendentes tanto para la carrera de Dolores como para el público. Todo indica que este fue un periodo de estancamiento, pues Dolores, a pesar de su belleza y calidad, no acaparaba, como antes, la atención de los medios y de los fans. Esto se incrementó con sus intervenciones en *Acusado, The Devil's Playground, Alí Babá Goes to Town, El lancero espía* y *Barrio internacional*.

Aunque la gloria en Hollywood parecía alejarse, en México la figura de la diva estaba *in crescendo*. Los principales pintores de nuestro país la deseaban inmortalizar.

Rivera, sobre todos, continuaba obsesionado con su belleza natural. Cuando el muralista visitó Nueva York en 1938, aprovechó para plasmar de nuevo a Dolores. En esta ocasión no hubo caracterizaciones, Del Río apareció ante el pincel de Diego Rivera como una mujer de ojos grandes y piel morena.

De México también llegaron Archibaldo Burns y Paco Cabrera. Dos compatriotas dedicados al cine que le propusieron a Dolores el protagónico de la película *La noche de los mayas*. Esta era una cinta proyecto por demás ambiciosa, pues se pensaba en Carlos Chávez como musicalizador y en el esteticista Julio Bracho (por cierto, primo de Dolores) para dirigirla. Pero tanto el presupuesto como el salario eran casi risibles en comparación con lo que se pagaba en Holly-

Dolores del Río, la diva mexicana.

wood. Veinticinco mil dólares no eran nada para una diva del cine mundial. Dolores rechazó la propuesta.

En Estados Unidos, los hombres no sólo perseguían a la mexicana con fines artísticos. Resultaba por demás cotidiano que la trataran de seducir. Esto fue lo que sucedió con un joven oriundo de Wisconsin; un astuto creador que había convulsionado a la sociedad norteamericana gracias a la dramatización de *La guerra de los mundos* a través de la radio. Como sabemos, esta obra anunciaba el ataque de los extraterrestres a la Tierra. La representación radial se salió de sus límites al grado de que los escuchas imaginaron que el ataque era real. Con el escándalo generado por *La guerra de los mundos*, Orson Wells, el joven nacido en Wisconsin, se había ganado su ingreso a las filas de creativos hollywoodenses.

En esos momentos, Dolores sufría por su último fracaso, *El hombre de Dakota* y con la noticia del suicidio de Carewe. Otro más en la lista de esta mujer que se estaba convirtiendo en fatal.

La actriz buscaba evadirse de cualquier realidad. Para ello, como alguna vez lo hizo con Jaime Martínez del Río, aceptaba cuanta invitación llegara a sus manos. Una de ellas provino de Jack Warner quien ofrecería una fiesta para varias figuras del medio. Mientras nadaban en la alberca de Warner, Wells y la actriz mexicana tuvieron su primer y definitivo contacto. De pronto se encontraban inmersos en una plática, en la que Wells demostró su ingenio y su amplia cultura (aptitudes que, como hemos comprobado, admiraba Dolores).

Ignoramos en torno a qué giró la charla, lo único que sabemos es que, a partir de entonces, Dolores vivió apasionada por el creador estadounidense. En poco tiempo, Orson y Dolores iniciaron un romance furtivo. Un idilio que fue divulgado por la prensa estadounidense. Por supuesto, la relación con Cedric no podía continuar, así es que el divorcio se fraguó en los primeros días de 1941. Dolores aduciría ante los juzgados: "la fría e indiferente actitud de mi esposo me producía crisis nerviosas y enfermedades".

Dolores abandonó la lujosa mansión que compartía con el escenógrafo norteamericano. Pero a pesar de que lo idolatraba, Dolores no pensaba compartir el mismo techo con Orson, sino con su madre. Juntas se instalarían en una mansión de Bel Air.

Wells vivía a un ritmo vertiginoso; rodeado de proyectos en cine, teatro, radio. Además dedicaba una buena parte de su tiempo a escribir y a pintar. Su situación económica no era siempre la mejor, pero gustaba llevar una vida extravagante llena de lujos que no podía pagar. Incluso los anillos que regalaba a Dolores debían ser costeados, al final, por ella misma.

Aunque Wells se encontraba conforme por haber obtenido la belleza de la actriz mexicana, sufría en su interior debido a sus grandes complejos. Se sabía un hombre demasiado tosco para una mujer tan delicada.

Con todo, la pareja dio rienda suelta a su actividad artística. Wells se obsesionó al límite con su grandioso proyecto: *El ciudadano Kane*. Ésta era una historia basada en William Randolph Hearst; sí, el mismo que ofreció el convite donde se conocieron Dolores y Cedric. Wells se convenció de que tenía las aptitudes para interpretar a un personaje tan pintoresco, así es que se sometió a una dieta que le hizo bajar varios kilos. Dolores, por su parte, le asistía durante la grabación de *El ciudadano Kane*.

La película fue un escándalo desde su rodaje. Hearst como lo apuntamos con anterioridad, era tan influyente en la vida de su país que había sido uno de los principales impulsores de la guerra contra España. El magnate se dedicó a amenazar a Wells, pero lo único que provocó fue un escándalo tremendo que le otorgó mayor fama al creador hollywoodense.

La cinta se estrenó el primero de mayo de 1941 en el Palace Theater de Nueva York. A este lugar llegó la famosísima pareja: Dolores con un vestido blanco, destellante y Orson, de etiqueta y con su típico puro en la boca.

Wells, desde luego, no se conformaría con su escándalo. De inmediato se avocó a explotar a su musa. Tenía en su mente hiperactiva una multitud de planes para Dolores. Del Río tuvo que participar, incluso, en programas de radio cuyos guiones eran escritos por su amante. En uno de ellos, personificó a Josefa Ortiz de Domínguez. Poco tiempo después acompañó a Orson en un acto de vodevil. En éste, Wells aparecía como un mago que cortaba a la mitad una caja donde dormía su amante (hoy todo un lugar común de la magia, pero entonces una verdadera novedad). Sin embargo, su mayor proyecto era *The Magnificent Ambersons,* una cinta que representaría, quizás, el mayor de sus fracasos.

El problema con Wells es que vivía para sus proyectos y no para Dolores. Un día marchó a Río de Janeiro y en ese lugar se obsesionó con la idea de filmar una película basada en la muerte de un pobre pescador. Además, se dejó llevar por los placeres que ofrecía el carnaval, tanto que ni siquiera contestaba los telegramas de Dolores.

La inestabilidad económica, artística y sentimental era lo que agobiaba a Dolores en aquellos momentos. Más aún, la Segunda Guerra Mundial, era un obstáculo para el libre desarrollo de los proyectos cinematográficos. Sola, sin mayores expectativas y en un país lleno de conflictos, Dolores decidió volver a México. Ella argumentaría tiempo después:

> *Quería seguir el camino del arte, dejar de ser estrella y convertirme en actriz y eso sólo lo podría hacer en México. Quise volver a México, un país que era el mío y que no conocía. Sentía la necesidad de regresar a mi país.*

Su trabajo en México

La colonia Condesa, una de las más tradicionales del Distrito Federal, tuvo el honor de recibir a la estrella hollywoodense. En una residencia típica de la zona, al "estilo californiano", Dolores y Doña Antonia pudieron disfrutar las visitas de sus amigos mexicanos y conocer a nuevas personalidades del ambiente exclusivo de nuestro país. Era muy común la visita de artistas como Carlos Chávez, Miguel Covarrubias, Carlos Pellicer y otros. Sin embargo, la actriz prefería el centro nocturno Ciro's para ofrecer convites a la alta sociedad del momento.

La frivolidad y el ambiente festivo enmarcaron los primeros días de Dolores en su país natal. Dentro de toda esta vorágine de celebraciones, hubo un hombre que llamó la atención a la estrella. Se trataba de un joven alto, no menos elegante que Cedric, sólo que un cuanto nervioso e impulsivo: Archibaldo Burns el aristócrata de moda en aquellos momentos. Como recordará el lector, Burns había formado parte de la comitiva que viajó a Hollywood para ofrecer a Dolores el estelar de *La noche de los mayas*. Pero, por alguna razón, la actriz no recordaba a este elegante miembro del *jet set* mexicano.

Dolores solicitó a sus amigas que la presentaran con aquel joven tan atractivo. La amistad no fue difícil de establecerse entre estos dos personajes quienes en poco tiempo se convirtieron en "la pareja de moda" dentro de los círculos elitistas de nuestra ciudad.

Pero existían diferencias de fondo entre la despampanante pareja. Burns era un cuanto inmaduro, mientras que Dolores no podía alejarse de su pose de diva. En muy poco tiempo el noviazgo se diluyó y Dolores se vio obligada a volver a su vida solitaria. No obstante, los artistas más reconocidos de nuestro país la seguían asediando. Fue el caso de José Clemente Orozco quien deseó emular a su colega Diego Rivera. Aun cuando su estado de ánimo no era muy bueno, Dolores accedió posar para Orozco. El resultado fue desagradable: el muralista, casi ciego, plasmaba en el lienzo a una Dolores ojerosa y desaliñada. En lo absoluto acorde a la realidad, ya que la diva, cercana a los cuarenta años, conservaba su belleza casi intacta.

En 1942 surgió el proyecto que haría debutar a Dolores en el cine mexicano. Agustín J. Fink, reconocido productor, tenía en mente la adaptación de la novela *Sucedió ayer*, de Fernando Robles y, por supuesto, deseaba llevarla a la pantalla grande. De inmediato, Fink, se convenció de que Dolores podría desempeñar el protagónico; sólo que necesitaba de un director mexicano a la altura de la diva. Buscó entre la lista de directores afamados de nuestro país, pero al final se decidió por uno no tan reconocido y que incluso podría considerarse como novato. Se trataba de Emilio "El Indio" Fernández quien se había destacado por su actuación en *Janitzio* y se había dado a conocer como director con la obra *La isla de la pasión*.

Emilio "El Indio" Fernández, había tenido un paso fugaz por Hollywood, y de alguna manera conocía el comportamiento de las divas estadounidenses.

Con la participación de Gabriel Figueroa como fotógrafo, el equipo había sido conformado a la perfección. Figueroa se había destacado en *La mujer del puerto*, *¡Vámonos con Pancho Villa!* y *Allá en el rancho grande*, por lo cual era prácticamente una celebridad. Para completar el cuadro, se pensó en Pedro Armendáriz como coprotagonista. Otros que participaron en la cinta fueron la inolvidable cantante Lucha Reyes y Alfonso Bedolla, en el papel de villano.

Pero *Flor Silvestre* (como fue llamada la cinta) sufrió una serie de ataques por parte del ejército mexicano. Al parecer, la máxima institución armada de nuestro país se había ofendido por algunas escenas que consideraba indignas de la investidura militar, así es que solicitó al gobierno federal impedir su estreno.

Aquí tuvo que intervenir la estrella de Hollywood. Dolores era muy buena amiga de Manuel Ávila Camacho, el presidente de aquellos tiempos. Aunque el mandatario era de origen militar, no pudo negarse a conceder un favor a su bella amiga. Así, *Flor Silvestre* pudo ser estrenada.

Cabe resaltar que durante la filmación de *Flor Silvestre*, los ánimos de "El Indio" Fernández se exaltaron al punto de que estuvo a punto de golpear a Dolores. Si fue cierto, lo que más nos sorprende es que la actriz haya continuado en el rodaje hasta el final. Más aún: después de reconciliarse con "El Indio" se cuenta que ambos vivieron un pequeño romance. Acerca de esto hay un testimonio de Juan Zaizar, que encabezaba el mariachi que "El Indio" llevaba para ofrecerle serenata a la actriz:

> *Cuando "El Indio" le llevaba serenata, a ella le encantaba escuchar* Flor Silvestre *y* El hijo desobediente, *aunque también pedía otras canciones románticas y rancheras que cantaba junto a mi hermano David.*

El día del estreno llegó, pero la expectativa no era la misma que se había generado en Hollywood, alguna vez, con películas como *El precio de la gloria* o *Ramona*. La asistencia del público al Palacio Chino resultó muy pobre. Por supuesto, los incondicionales de la diva, estuvieron allí: Diego Rivera, Orozco, Siqueiros, Miguel y Rosa Covarrubias.

Durante la premier, Dolores se sintió muy mal por la ausencia de la muchedumbre. Diego Rivera notó está reacción y no tardó en acercarse a la estrella para decirle : "No se preocupe Lolita, lo que pasa es que a nosotros el público no nos quiere porque somos comunistas, esto es puramente circunstancial". (Eso de que Dolores fuese comunista, lo podemos interpretar más como una etiqueta arbitraria que imponía Rivera a sus amigos, que como una realidad).

Sin embargo, la cinta no merecía tal desprecio. Xavier Villaurrutia, reconocido poeta de "Los Contemporáneos" escribiría:

> Flor Silvestre *es sin duda alguna, la mejor película de ambiente campesino mexicano que se ha hecho entre nosotros, Dolores del Río y Pedro Armendáriz actúan en ella con verdadero efecto.*

Flor Silvestre.

Poco a poco, la gente que desdeñó la cinta se tuvo que congregar a las afueras de las salas cinematográficas para comprobar la calidad de *Flor Silvestre.*

Días antes del estreno, en la fiesta de su cumpleaños, Dolores había recibido como regalo por parte de "El Indio" un guión inédito: *Xochimilco.* Cuando "El Indio" se lo ofreció le dijo:

> *Es su regalo de día de santo, una historia de cine. Pos a ver si le gusta, es su próxima película. Es de usted, es de su propiedad, si alguien quiere comprarla que se la compren a usted.*

Al lector, una cinta llamada *Xochimilco* no le dice nada. Seguramente a los productores les produjo la misma reacción, tanto así que sugirieron un cambio del título. *María Candelaria,* éste fue el nuevo nombre que se le dio al guión de "El Indio". Un título que es casi del dominio público hasta nuestros días.

De nuevo, el equipo formado por Figueroa, Fernández, Arméndariz y Dolores iniciaron el rodaje de la cinta. Las anécdotas en torno a la filmación de esta película sobran, éstas son algunas de ellas:

Se cuenta que "El Indio" Fernández llevaba sus ideas al grado de la obsesión. Algo parecido a Orson Wells. La famosa escena donde Dolores abraza a su marranito muerto, fue todo un caso. A "El Indio" no le convencía del todo y necesitaba mucho más realismo. Para ello tuvo que dar muerte al marranito con sus propias manos. Como se comprenderá, el cadáver se descomponía conforme se repetían las tomas una y otra vez. Dolores, con asco de sobra, al ver que el cuerpo del cerdito comenzaba a agusanarse, no podía dar lo mejor de sí en la escena; además de que debía soportar el frío de sus pies sobre el agua y el lodo de los canales de Xochimilco. También se cuenta que "El Indio" gozaba repitiendo hasta el cansancio las escenas en las que Dolores caía al agua.

El colmo fue cuando "El Indio", golpeó no sólo a Dolores, sino a Doña Antonia (quien solía llevar de comer a su hija en las locaciones de Xochimilco).

La actriz, por supuesto, se retiró de la filmación, amenazando con no volver más. Pasaban los días y la estrella no se presentaba. Fue necesaria una disculpa pública del director. Pero la soberbia de "El Indio" era prodigiosa:

"Pido perdón a la actriz, mas no a la mujer".

Eso fue lo que dijo, y bastó para que Dolores continuara en la grabación de *María Candelaria.*

El 20 de enero de 1944, la cinta se estrenó en el Palacio Chino. Esta vez la famosa sala se encontraba a reventar. Dolores había encarnado a la perfección a una humilde indígena. El público y la crítica no tuvieron más que recono-

Dolores del Río con Pedro Armendáriz en *María Candelaria.*

cer la capacidad de la actriz. Efraín Huerta, quien llegaría a ser uno de los más grandes poetas mexicanos del siglo XX, escribiría:

> *Dolores del Río logra su máxima altura, su consagración como actriz poderosamente dramática. Incluso en los escorzos más rebuscados, no pierde el tinte sombrío de mujer perseguida.*

El triunfo era indiscutible, pero una desgracia ensombreció la bienaventuranza de *María Candelaria*. El productor Agustín J. Fink, falleció unas semanas después del estreno. En el intento por salvarlo, Dolores se ofreció para donar su sangre. Esto sólo sirvió para demostrar la calidad humana de la actriz y no para salvar una vida ya desahuciada.

Cartel publicitario de *Las Abandonadas*.

No había mejor manera de homenajear a Fink que haciendo una película en su honor. Esta sería *Las abandonadas*, la historia de una madre a prueba de toda adversidad, una mujer que apoyaba la carrera de su hijo hasta las últimas consecuencias. La ambientación y los vestuarios eran espectaculares. Joyas, pieles y vestidos que se utilizaron en la filmación fueron valuados en un cuarto de millón de pesos. La única mancha que ensució a esta película fueron algunos problemas laborales en el sindicato de los técnicos. Por lo demás, la cinta fue todo un lujo. Hay que verla para admirar a Dolores vestida como una gran dama. Era inevitable que sus compañeros, como Víctor Junco, coquetearan entre escena y escena con la diva; hecho que, claro, despertaba la tremenda ira de "El Indio" Fernández.

Como *Flor Silvestre, Las abandonadas* sufrió la persecución por parte del gobierno. Gregorio Castillo, responsable de la censura oficial, hizo una amenaza: o le ponían el sub-

Dolores, una belleza mexicana.

título *El México turbulento de 1914* y le cambiaban algunas escenas o jamás se exhibiría.

Dolores tuvo que actuar, como era su costumbre, para apaciguar las molestias del gobierno. Así consiguió que la cinta fuese estrenada en los cines nacionales. Fue el 18 de mayo de 1945 cuando se volvió realidad lo que parecía un sueño. La cinta tuvo una resonancia enorme y se le recuerda sobre todo, por la escena en que Dolores desciende las escaleras con un tocado de plumas que parece coronarle, así como por el final, cuando, caracterizada como una vieja limosnera, recibe la caridad de su propio hijo.

Bugambilia, fue la siguiente película mexicana que tuvo a Dolores como protagonista. Esta historia exigía desarrollarse en escenarios naturales, para ello, el equipo de siempre (Figueroa, Fernández, Armendáriz) se trasladó a la ciudad de Guanajuato. Dolores quedó encantada con dicho lugar, sólo que debido a las bajas temperaturas imperantes, enfermó de bronquitis. El mal estuvo a punto de convertirse en pulmonía, pero la fortaleza de la actriz impidió que se complicara su salud.

La filmación de *Bugambilia,* al final, resultó en extremo costosa. Un millón trescientos mil pesos, era demasiado para un país que resentía el golpe de la Segunda Guerra Mundial. Debido a esto no se hicieron esperar las críticas en contra de los altos honorarios de Dolores y compañía.

Bugambilia se mostró al público el 2 de noviembre de 1945 y despertó un gran escándalo debido a la escena donde Dolores tomaba un baño en la tina. Algo similar a lo que había hecho en *Ave del paraíso* durante su estancia en Hollywood.

Dolores necesitaba un descanso. Después del estreno de *Bugambilia,* la estrella se dedicó a distraerse con las diversiones que se ofrecían en la ciudad. Conciertos, obras de teatro, e incluso corridas de toros fueron sus principales distracciones. Fue en una de estas últimas donde tuvo la oportunidad de conocer a un nuevo galán. Se trataba, en esa ocasión, del torero hispano Rafael Ortega "Gallito", quien le dedicó una lidia durante la función. Ella, como se sabe, tuvo que corresponderle con una cena, la cual sirvió para que la diva y el matador iniciaran un breve romance.

Vino un suceso muy curioso por aquellos tiempos de amoríos ocasionales. Resulta que la compañía Clasa, tenía pensado rodar la película *Vértigo* con Dolores del Río, mientras que con María Félix pretendía filmar, *La selva de fuego*. Al momento de enviar los guiones a las casas de las divas, hubo una confusión: El texto de *La selva de fuego* llegó a la residencia de Dolores y *Vértigo* a la de Félix. El personaje principal de esta última era una mujer viuda y millonaria, enamorada del novio de su hija; papel ideal para Dolores. *La selva de fuego* presentaba a una joven aventurera que en sus correrías terminaba por establecerse en las plantaciones de chicle; allí despertaría las pasiones de los hombres. Un papel que Félix podría interpretar a la perfección. Pero sucedió lo inesperado: cada una de las actrices quedó encantada con el papel que se le ofrecía. Seguramente lo interpretaron como un gran reto a sus personalidades. Cuando Clasa se enteró del error, quiso remediarlo, pero ni Dolores ni Félix estuvieron dispuestas a intercambiar guiones.

La selva de fuego inició sus grabaciones en julio de 1945, con locaciones en el estado de Yucatán. Dolores quedó fascinada por el paisaje, el clima y la cultura de aquel estado y más con la compañía del poeta Antonio Mediz Bolio, autor del guión, quien le revelaba toda la historia y riqueza de Yucatán. Al final, Dolores logró imponerse en su papel, aunque, como era de esperarse, fue notorio el cambio intempestivo.

La otra, esperaría a una Dolores del Río, en plena madurez tanto física como artística. Esta cinta fue uno de los mayores retos en la carrera de la actriz, ya que debía representar a dos hermanas con carácter diametralmente opuesto. *La otra* era una adaptación hecha por uno de los escritores mexicanos con mayor trascendencia durante el siglo XX, José

Revueltas. Ghunter Gerzso, reconocido artista plástico, fue el encargado de la escenografía, mientras que la dirección fue asignada a Roberto Gavaldón, célebre entonces por su éxito en *La barraca.* A Dolores le acompañó Víctor Junco, un galán típico de aquellos tiempos: simpático, atlético y muy varonil; pero no fue él, sino su hermano Tito, quien mantuvo un idilio muy discreto con la actriz.

Aunque Dolores concentraba toda su capacidad interpretativa en los estudios mexicanos, no dudaba de que en Hollywood su semilla aún daba frutos. Esto lo comprobó cuando John Ford, famoso director hollywoodense, mandó una misiva a México con el propósito de ofrecerle un coprotagónico. Su compañero en la cinta sería Henry Fonda, actor destacado por su sensibilidad y fineza. El personaje que se le ofrecía a Dolores era el de una humilde mujer mexicana, llamada María, que se enamoraba de un sacerdote.

El fugitivo, fue el nombre de la cinta que se empezó a filmar en los estudios Churubusco. El equipo de Dolores fue invitado a participar en el rodaje, por lo cual se le puede considerar como un filme méxico-norteamericano. Gabriel Figueroa se destacó por sus excelentes tomas donde captaba el misticismo en todo su esplendor y significado. A esto ayudó Henry Fonda, un actor que practicaba el catolicismo a ultranza. Se dice que la devoción del actor estadounidense contagió a Dolores del Río quien no tardó en instalar una Virgen de Guadalupe en un lugar especial de su camerino.

No sólo de Estados Unidos, sino de otros países llegaban las invitaciones. La más importante provenía de Argentina. Desde ese país se le propuso a Dolores encabezar el elenco de *Historia de una mala mujer,* adaptación de *El abanico de Lady Windermere,* del escritor inglés Oscar Wilde.

Dolores aceptó y quiso ser acompañada por su madre hasta ese lejano país austral. Al principio, la pareja se instaló en el Alvear Palace Hotel, para después trasladarse a una gran residencia en la capital de Buenos Aires. Allí, recibieron a lo más selecto de la sociedad argentina e incluso a Eva Perón, la casi deificada mandataria. En realidad, Evita y Dolores trabaron una amistad muy sólida, tanto así, que la presidente le invitó a uno de sus tantos eventos públicos.

Durante el rodaje de *Historia de una mala mujer*, Dolores fue tratada con todas las atenciones por parte de los técnicos, el director, Luis Saslavky, y sobre todo por los actores Francisco de Paula y Fernando Lamas. Pero una serie de noticias provenientes de México, evitaron que la estancia en Argentina fuese como un cuento de hadas. A raíz del estreno de *El fugitivo* la prensa se había volcado en contra de Dolores. Al parecer, el principal reproche era que la actriz había tomado parte en una película "antimexicana y comunista". Estos comentarios fueron un eco de las agrias críticas que la prensa norteamericana había proferido, sin duda, bajo la presión de un gobierno que veía en cualquier personalidad o trabajo artístico una amenaza comunista.

De regreso a México, Dolores se vio aquejada por un nuevo mal. Fue necesario que se recluyera en casa para recuperarse al cien por ciento. Cuando terminó su convalecencia, se dio a la tarea de cumplir un nuevo compromiso: *La malquerida*. En ella le acompañaría su equipo de siempre: Emilio "El Indio" Fernández, Gabriel Figueroa, Pedro Armendáriz. Pero, además, en esta cinta intervendría una joven cuyas relaciones con "El Indio" Fernández habían sobrepasado los límites de lo profesional. Se trataba de Columba Domínguez, quien debía hacer el papel de la hija de Dolores. La bofetada que en una de las escenas tuvo que propinarle Dolores, fue tan espontánea y real que no hubo necesidad de repetirla.

El resultado de esta cinta fue favorable. Un filme donde se destaca la armonía, la perfección y los elementos artísticos. Dolores, a través de su personaje, Raymunda, se había mostrado como una imponente madre. Tenía 45 años, pero conservaba la belleza y elegancia. Sin embargo, sus relaciones sentimentales se habían vuelto del todo inestables. Un aristócrata, un cineasta, un torero y un actor, habían pasado por su vida de manera fugaz; sin duda necesitaba una nueva relación formal.

Llega el amor y nuevas conquistas

Después de triunfar en nuestro país, casi con la misma magnitud como lo había hecho en Estados Unidos, Dolores del Río dedicó la mayor parte de su tiempo para reordenar su vida íntima. La búsqueda de un compañero era una de sus máximas prioridades. Para su suerte, a finales de la década de los cuarenta, la estrella mexicana, encontró al hombre que la acompañaría hasta la muerte.

Lou Riley, era un norteamericano proveniente de una familia célebre por la posesión de acciones en la compañía Union Carbide. Junto con su hermano, Miles, había quedado huérfano de madre a muy temprana edad. Pero esto no impidió que Lou se transformara en un joven atrevido y aventurero. Apenas cumplidos los dieciocho años, se animó a cruzar la frontera de nuestro país. Sin duda le atrajo nuestra cultura y gente, pues no sólo se conformó con llegar a la Ciudad de México, sino que siguió su ruta hasta el sur. En Acapulco se estableció definitivamente, enamorado del clima y de las playas. En poco tiempo, Lou decidió fundar el Club de Yates, hecho que lo hizo famoso en el puerto. Es fácil entender que Lou y Dolores se conocieran en una de tantas fiestas ofrecidas por la alta sociedad de Acapulco. Desde ese momento, la pareja se convirtió en una celebridad. Un evento nada extraño para Dolores.

Lou decidió estar todo el tiempo posible con su nueva pareja, por ello abandonó su residencia en Acapulco. Pronto, Dolores y Lou se dirigieron a Mérida, lugar donde se filmaría *Xtabay*, cinta de producciones Sansón, dirigida por Roberto Gavaldón y escrita por Mediz Bolio. La acompañarían en el reparto Jorge Mistral y Anabel Gutiérrez. Ésta era una joven que idolatraba a Dolores al grado de que veía en ella a una bondadosa madre artística.

Poco tiempo después de *Xtabay* comenzaron los preparativos para una gran producción: *Doña Perfecta,* basada en la obra del gran escritor realista Benito Pérez Galdós. La película sería filmada por Alejandro Galindo. La soberbia interpretación de Dolores hizo pensar a los cándidos espectadores que el carácter de la estrella era gemelo al de Doña Perfecta, personaje hipócrita y maquiavélico. Esto, claro, dañó su imagen; aunque sus íntimos amigos conocían de sobra la verdadera personalidad de Dolores.

La estrella viajó junto con su novio al puerto de Acapulco, al terminar de grabar *Doña Perfecta.* En ese lugar Dolores adquirió una lujosa residencia en el fraccionamiento Club Deportivo. Allí, pasó un mes y medio en compañía de su querido Lou; pero no podía abstraerse de las noticias en torno a su figura, todas muy favorables. En París, *La malquerida* había obtenido comentarios excelentes por parte de la crítica especializada. En Buenos Aires, se le había concedido el premio a la mejor actriz por su papel en *Historia de una mala mujer.*

En octubre de 1951, se estrenó *Doña Perfecta* y los cronistas de los principales diarios consideraron a Dolores como digna aspirante al Ariel. Para suerte de la estrella, ese reconocimiento llegaría al nombrarla mejor actriz del año.

La televisión era un medio que había llegado a México, precisamente un año antes, en 1950. En nuestro país era un invento novedoso que aún se encontraba en pañales; pero en Estados Unidos ya era todo un medio masivo de comunicación; tanto así que existían programas de variedad y series en vivo. Uno de estos le fue ofrecido a Dolores. Se trataba de *Trio by the Lamplight,* escrita y dirigida por Paul Tripp.

Para cumplir este compromiso Dolores debió viajar a Nueva York. Todo el equipo que compartió cámaras con la estrella mexicana, estaba admirado de su belleza casi intacta y de su profesionalismo. El programa, finalmente, se transmitiría en vivo a millones de televidentes. Ante este nuevo reto, Dolores saldría triunfante. La crítica aceptó que no necesitaba repetir escenas para dar lo mejor de sí; en pocas palabras, estaba preparada para actuar en el teatro.

Una vez en México, Dolores compartió micrófonos con Manolo Fábregas, Elda Peralta y Pedro de Lile, en la radionovela *El derecho de nacer,* de Félix B. Caignet. Dolores debió utilizar toda su capacidad histriónica para sobresalir en ese verdadero drama en contra del aborto.

Dolores no sólo triunfó en cine, también lo hizo en radio, T.V. y teatro.

Pero su regreso a México y su participación en *El derecho de nacer* sólo había sido la escala de un viaje muy largo que debía realizar a Europa. Resulta que se le invitaba al famoso festival de Cannes en Francia. Dolores viajó complacida de reencontrarse con la bella Europa que había recorrido en su niñez, en su adolescencia y en su etapa como estrella del Hollywood. Después de presentarse en el reconocido festival cinematográfico, se dirigió a España. En el aeropuerto de Barajas sería recibida por Rubén Rojo, el torero Mario Cavré, Vicente Casanova y el director Antonio Momplet que tanto deseaba trabajar con ella. Por supuesto, también el público en general asistió para ver de cerca a su estrella. En Madrid, Dolores pudo departir con viejos amigos como Edgar Neville y José López Rubí quienes en alguna ocasión habían compartido escenarios con ella en Hollywood.

Reportaje, fue un filme planeado por la ANDA, la empresa Televoz y Pecime para recaudar fondos en apoyo a los trabajadores y periodistas del cine. En esta producción actuarían todas las estrellas del cine mexicano sin cobrar un solo peso. Al llamado acudieron María Félix, Jorge Negrete, Arturo de Córdova, Pedro Infante, Pedro Armendáriz, Carmen Sevilla, Lola Flores y muchos más, incluyendo por supuesto a Dolores del Río. La cinta fue dirigida por Emilio "El Indio" Fernández y representaría uno de los más ambiciosos proyectos artísticos de que se tenga memoria en nuestro país. Sin embargo, el resultado no fue muy agradable, debido a que el guión era sólo un pretexto para exhibir las personalidades de cada una de las estrellas.

Después de esa cinta que podría considerarse un pequeño fracaso, no sólo para Dolores sino para quienes le acompañaron, vendría la filmación de *El niño y la niebla,* obra original del famoso dramaturgo Rodolfo Usigli. Éste, era amigo de Dolores y había provocado un escándalo con su obra *El gesticulador*.

El niño y la niebla debió ser filmada tanto en los estudios Churubusco como en Tuxpan y Poza Rica, Veracruz. No obstante la humedad, el calor y la presencia de molestos mosquitos, Dolores se desempeñó con excelencia, como era su costumbre. A la postre, *El niño y la niebla* lograría un considerable éxito en taquilla y el honor de ser seleccionada para el festival de Cannes. Además, este trabajo acapararía prácticamente los Arieles: Dolores, mejor actriz; Gabriel Figueroa, mejor fotografía; Manolo Fontanals, por su escenografía; Edmundo Báez por la adaptación y Roberto Gavaldón por la dirección.

Surgió un incidente muy desagradable que ensució el éxito de aquellos momentos. Resulta que la compañía cinematográfica Fox deseaba la participación de Dolores para protagonizar *The Broken Lance.* Del Río se encontró entusiasmada con esta nueva oportunidad de viajar a Estados Unidos, pero para su sorpresa la visa le fue negada. La razón: el incesante boicot que el gobierno estadounidense realizaba en contra de todos aquellos que consideraba comunistas. Dolores no tardó en quejarse a través de una carta: "Soy una mujer católica que sólo aspira a vivir en paz con Dios y con los hombres". Sus palabras sirvieron de muy poco ante un gobierno intolerante e inquisidor.

Pero no todo el mundo del cine se encontraba en Estados Unidos o México. Europa podía ser un buen sitio para grabar nuevas películas. Esto lo comprendió Dolores y su primo, el director Julio Bracho, quienes se dirigieron a Madrid para filmar *Señora ama,* historia del español Jacinto Benavente. Mas, cuál sería su sorpresa que al llegar a territorio hispano el público se mostró con una actitud muy contraria al de la última visita. Una actitud hostil fue lo que encontraron una y otra vez Dolores y su primo. Sin duda la gente consideraba que una historia tan puramente española no debía ser interpretada por extranjeros. Se dice que las únicas personas que se comportaron amables fueron Armando Manzanos, coproductor de la cinta, Enrique Llovet, coadaptador y la actriz Susana Bautista. Como fuera el rodaje se inició el 27 de septiembre de 1954. *Señora ama* fue una película llena de contratiempos y de hechos desagradables como la salida del coproductor Armando Manzanos, debido a problemas económicos.

Este fue un capítulo amargo en la vida de Dolores, el cual alcanzó su cima cuando se proyectó por primera vez *Señora ama*. Tanto del Río como Julio Bracho quedaron horrorizados de las censuras hechas por el gobierno franquista.

Dolores del Río tenía una cuenta pendiente con el mundo de la farándula: si había triunfado en cine, en radio y en televisión no veía por qué no hacerlo en teatro. Como lo vimos líneas atrás, Dolores había pasado la prueba de fuego en un programa en vivo. Pero su ambición iba más allá. Deseaba presentarse en los grandes escenarios teatrales. Para ello contrató los servicios exclusivos de Stella Adler, la mejor maestra de actuación del mundo en aquellos tiempos. En su residencia de Acapulco, la estrella recibió a su tutora quien, en un breve lapso, quedó encantada con la disponibilidad y el empeño de su alumna. Poco tiempo después las clases se trasladarían a Nueva York, pues se entreveía la oportunidad de un debut en la obra *Anastasia*. En efecto, una noche de julio de 1956, Dolores realizó uno de sus más grandes anhelos. El público la ovacionó a más no poder. Al siguiente día los comentarios de los periodistas fueron grandilocuentes.

Al regresar de Nueva York, Dolores se animó a participar en la cinta *A donde van nuestros hijos*, basada en la obra *Medio tono* de Rodolfo Usigli. A la actriz le acompañaron Ana Bertha Lepe, Martha Mijares, Carlos Fernández, León Michel y Tito Junco. La cinta, dirigida por Benito Alazraki y la primera a colores en la que participó la estrella fue una auténtica decepción.

El bálsamo contra este fracaso fue el poema que el gran autor mexicano Carlos Pellicer ofreciera a Dolores:

Para el río de Dolores
La vida canta hacia el mar
Y no parece pasar
Sino entre nuevos rumores
Para Dolores, el río
Para el río los dolores
De cargar con tantas flores
Para Dolores del Río.

Asimismo, una carta de Jean Sirol, agregado cultural en Francia, le traía una excelente noticia: se le invitaba a formar parte del jurado calificador en el festival de Cannes. Sus compañeros serían nada menos que Jean Cocteau, Jules Romains, Marcel Pagnol, André Maurois, Maurice Lehman y Georges Hiasman.

En cuanto Dolores arribó a Cannes, sus compañeros de jurado decidieron nombrarla presidenta del festival. Jean Cocteau, poeta y dramaturgo francés, fue quien quedó más encantado por la belleza madura de Dolores. Ambos coincidieron en gustos y en temas especializados, tanto así que tuvieron preferencia por la cinta *Un condenado a muerte se escapa*, de Robert Bresson. Esta se impuso a las demás y, al final, Dolores entregó el premio al director galo, Bresson.

Después de su intervención triunfal en Cannes, Dolores regresó para ser agasajada por sus amigos en su residencia "La Escondida". Rufino Tamayo, Isabela Corona, Beatriz López, Armando Valdés Peza, Emilio Carballido, Rosa Covarrubias, Celestino Gorostiza y Pancho Cabrera, entre otros, se dieron cita en el lugar para celebrar los éxitos de la actriz.

Diego Rivera, uno de sus más entrañables y solidarios amigos, no estuvo en el convite. Se rumoraba acerca de su frágil salud y de un mal irremediable que amenazaba su vida. En efecto, Diego Rivera moriría ese mismo año causando una terrible conmoción a Dolores. Enferma (comenzó a padecer artritis desde entonces) y deprimida quiso ver por última vez a su amigo y artista predilecto. Los médicos se opusieron e incluso tuvieron que sedarla para acallar su desesperanza.

Fue un periodo de gran desolación. La actriz contemplaba cómo su historia se rodeaba de muertes. Sin embargo, su valor y su decidida ambición por seguir triunfando, la llevaron a los escenarios para gozar, de nuevo, el aplauso del respetable.

En julio de 1958, el público que asistió al teatro Virginia Fábregas, fue testigo de la soberbia actuación de Dolores en *El abanico de Lady Windermere*. La temporada de *El abanico de Lady Windermere*, terminaría a principios de 1959 reportando enormes ganancias.

Como había sucedido con Pedro Infante y Jorge Negrete, en la película *Dos tipos de cuidado*, se pensó que Dolores del Río y María Félix podían convivir en un filme. Esto, obvio, sería un imán de taquilla y una oportunidad morbosa de ver juntas a las grandes rivales.

En *La cucaracha*, dirigida por Ismael Rodríguez, las dos divas tendrían la ocasión de enfrentarse en los terrenos de la actuación. Gabriel Figueroa, Pedro Armendáriz, Emilio "El Indio" Fernández y Valdés Peza contribuirían a que la cinta tuviese un enorme éxito. Hasta el día de hoy recordamos a las actrices disputándose el amor de un hombre utilizando sus recursos al máximo. La Félix, como una despiadada revolucionaria y Dolores, como una viuda, en apariencia débil y sumisa que termina convirtiéndose en una aguerrida dama.

El 20 de julio de ese mismo año, Dolores comenzaría los ensayos, junto con Pedro Armendáriz de la obra *Camino a Roma*. Pero el reconocido actor tendría una discrepancia con el director de la obra, por lo cual, abandonó los ensayos. Armendáriz tuvo que ser reemplazado de emergencia por el actor Wolf Rubinsky quien, como era de esperarse, desentonó ante la consagrada diva. El éxito en taquilla no existió, así es que la actriz prefirió concentrarse en las propuestas que llegaban desde Argentina para representar *El abanico de Lady Windermere.*

Diez años de noviazgo con Lou Riley eran suficientes para que el compromiso llegara más allá. Por ello, el 24 de noviembre de 1959, Dolores y Lou se casaron en Nueva York. Parecían ahora sí, la pareja perfecta. Él, culto, amante del arte y caballeroso; ella, bonita, sofisticada y famosa.

Ya en 1960, Dolores se presentaría ante el público argentino. La obra se volvió todo un suceso en la ciudad de Buenos Aires. Como había sucedido con otros actores y cantantes foráneos, el público argentino idolatraba a una estrella nacida muchos kilómetros al norte y la consideraba como suya. Mas la noticia de que Doña Antonia se encontraba grave, no tardó en llegar al país austral.

Dolores no perdió ni un minuto para regresar a nuestro país y se encontró con la novedad de que Doña Antonia se había recuperado de su infarto. No corrió la misma suerte Cedric Gibbons quien por esas fechas falleció. Otra desaparición que ensombrecía la vida de Dolores. A Gibbons se le sumaban Jaime Martínez del Río, Edwin Carewe y Diego Rivera, eternos admiradores de la diva.

Trabaja con el "rey" y dice adiós a su madre

En Estados Unidos, a mediados de los cincuentas, no había otro ídolo más grande que Elvis Presley. Amén de sus éxitos en la radio, el joven cantante había protagonizado varias películas, la primera de ellas *Love me Tender,* título que pertenecía a una de sus baladas más populares. También había tenido éxito con *El rock de la cárcel,* del cual recordamos el singular número donde Elvis baila uniformado como un preso.

A principios de los sesentas, la compañía Fox tenía en mente un nuevo filme con el ídolo de la juventud; se trataba de *Black Star* que sería dirigida por Don Siegel. Tanto los productores como el director necesitaban la presencia de una actriz madura y bella que interpretara el papel de la madre. En poco tiempo se decidirían por Dolores del Río quien esta vez no tuvo oposición del gobierno estadounidense para ingresar a su país. En cuanto arribó a la nación norteamericana, se reencontró con fotógrafos, maquillistas, carpinteros y demás técnicos que habían compartido sets a su lado. Asimismo, se dedicó a desmentir los rumores que habían ocasionado el veto por parte de los EUA.

Una vez limadas las asperezas con el gobierno norteamericano, Dolores se recluyó en los sets cinematográficos. Allí conoció al que sería su hijo, Elvis Presley. De inmediato el rey del rock se presentó ante la diva para decirle: "Señora, sé perfectamente quien es usted, para mí es un enorme honor poder trabajar con una de las más grandes y respetadas leyendas de Hollywood". Dolores, de manera instantánea, tomó un afecto maternal al cantante, tal como lo había hecho con otros actores de nuestro país.

Elvis se comportó a la altura de la estrella. Cada consejo proveniente de Dolores, lo escuchaba con toda atención. La actriz mexicana se convenció en poco tiempo que el muchacho tenía potencial para triunfar como actor, así es que le sugirió tomar clases con su gran maestra, Stella Adler. Presley en realidad pretendía hacer caso al consejo; pero, al final, su manager "el coronel Parker", se opondría a que el rey del rock fuese convertido en un exquisito de la actuación.

Regresando a México, Dolores se encontró con que doña Antonia seguía delicada de salud; mas no pudo abstraerse de sus compromisos. *El pecado de una madre,* era el nuevo film que requería de su participación. La intervención de Libertad Lamarque en la cinta hizo que los más morbosos medios divulgaran enconadas disputas entre ella y la actriz mexicana. Recordemos que Evita Perón, amiga íntima de Dolores, había expulsado a Lamarque de Argentina por celos profesionales. Pero el director Alfonso Corona Blake logró que ambas estrellas actuaran como nunca, sin necesidad de enfrentarlas.

El pecado de una madre, era un melodrama típico de aquellos tiempos: una mujer de alta sociedad que adopta al hijo que su marido (muerto en un accidente) tuvo con su amante y todos los avatares que esto implicaba. El tiempo de grabación podría ser tomado como un auténtico record: cuatro semanas.

El 17 de diciembre de 1960 se estrenó en Estados Unidos *La estrella de fuego* (título final que se le dio a *Black Star*). La crítica demostró su respeto y admiración ante una estrella que a pesar del inminente paso del tiempo, se conservaba fresca y original.

Francisco Ferver, director del festival de cine de San Sebastián, fue el encargado de darle una buena nueva a la actriz: sería la presidente del jurado.

Así fue, el domingo 5 de julio de 1961 se inauguraría el IV festival de cine de San Sebastián. Dolores, al momento de ser presentada, recibió un aplauso memorable y los alaridos de los admiradores.

Cabe resaltar un hecho curioso que se suscitó durante el festival: Pina Pellicer, joven actriz mexicana, había sido nominada por su actuación en *El rostro impenetrable*, cinta dirigida y actuada por Marlon Brandon. La novel actriz, convencida de que sus posibilidades eran escasas, prefirió abandonar la premiación para hacer una visita a los mejores museos de Madrid. Contrariando a su incredulidad, se le nombraría, durante esa noche, la mejor actriz de 1961.

A pesar de que varios directores como José Antonio Bardem y Kirk Douglas, ofrecían distintos proyectos a Dolores del Río, ésta prefirió atender la salud de su madre, que continuaba en difíciles condiciones.

Al llegar 1962, Lou y Dolores se prepararon para un gran reto: la puesta en escena de *Espectros*, obra de Strindberg. Lou sería el productor y director, mientras que Dolores, por supuesto, ejercería su papel protagónico ante un público nuevo, mucho más conocedor y elitista. El reto principal era que del Río destacara, no por su belleza, sino por su calidad histriónica. Para ello, la actriz debió sumergirse por completo en el personaje de la señora Alvin, una madre con características de mártir. Julián Soler y Jorge del Campo acompañaron a la estrella, quien recibió el reconocimiento del público el 4 de mayo de 1962, fecha en que se estrenó la puesta en escena. De pie, los espectadores aplaudieron y reconocieron la capacidad artística de Dolores.

En los posteriores días al estreno, doña Antonia sufrió una recaída. Esta vez el cuerpo de la señora Asúnsolo no tuvo la suficiente fortaleza para resistir a la muerte. La noticia fue llevada por Lou hasta los camerinos donde Dolores se preparaba para una nueva función. Sobra decir la pena que experimentó la actriz. Si no la hubiese acompañado en ese momento Lou, su compunción habría sido mayúscula.

Cuando Dolores llegó a "La Escondida", ya se velaba el cuerpo de doña Antonia. Como era costumbre, entre los aristócratas, el féretro ocupaba la parte central de la sala. Muy pocos amigos íntimos compartieron ese dolor con la estrella.

La actriz no encontró otro refugio que la actuación. Se negó a cancelar sus presentaciones y prefirió desbordar todos sus sentimientos ante el público. Sin embargo, el recuerdo de su madre le acompañaba en cada escena y en los nuevos compromisos que estaban por venir.

Trabajadora incansable

King Vidor, famoso director norteamericano que había sido responsable del éxito de *El ave del paraíso,* se reencontró con Dolores del Río en la ciudad de Berlín. Treinta años habían pasado desde el éxito en Hollywood, debido a la inolvidable escena en la cual Dolores nadaba aparentemente desnuda. El motivo del reencuentro fue el festival de cine que organizaba dicha ciudad y que había designado a Dolores como presidenta del jurado.

En noviembre de ese mismo año, Lou y Dolores emprenderían un viaje a Nueva York con el fin de seleccionar alguna obra para estrenarla al año siguiente en México. Pero *¿Quién le teme a Virginia Woolf?,* puesta en escena que triunfaba en la Urbe de Hierro, no convenció a la diva, por lo cual regresó a México con las manos vacías.

Mi querido embustero, obra de Jerome Quilty, era una historia basada en la correspondencia entre la actriz Stella Campell y el dramaturgo George Bernard Shaw. Ambos habían vivido un romance a larga distancia, y Quilty lo había aprovechado para realizar un guión teatral. A Dolores le atrajo sobremanera esta obra por lo cual le pidió a su gran amigo y vecino, Salvador Novo, que se encargara de la traducción. La diva no tardó en adquirir los derechos para presentarla ante el público acompañada por Ignacio López Tarso.

Dolores tenía que ajustar sus tiempos. John Ford, responsable de *El fugitivo,* la requería para un *western.* Según un telegrama de la época, Ford comunicaba a la estrella:

> *Mi querida Dolores, la presente es para avisarte que estamos avanzados en la historia. Esperamos tener el primer borrador*

en una semana; después, por supuesto, viene el segundo borrador; y después de éste, la parte dura, la difícil... el tercero. Así es que sólo Dios sabe cuándo empezaremos. Trataré de mantenerte informada para que no interfiera con tu presente proyecto teatral. ¡Se ve interesante! Lo mejor para ti y para Lou siempre. Jack.

Pero en cuanto iniciaron los ensayos de *Mi querido embustero*, una impactante noticia llegó a los diarios de nuestro país. Pedro Armendáriz se había suicidado. Las notas especificaban las razones: al enterarse de su enfermedad (cáncer) el mítico actor había decidido darse un disparo en el pecho. Tiempo después, se sabría que tanto Pedro como otros actores que trabajaron en locaciones del desierto de Nevada, habían sido víctimas de la radiación. Ignoraban, desde luego, que el gobierno norteamericano realizaba pruebas nucleares en aquella zona. Un verdadero crimen del que, hasta el día de hoy, nadie se ha hecho responsable.

Este fallecimiento, engrosó la lista de muertes en la historia de Dolores del Río. Armendáriz había sido su gran compañero de actuación. Muchos, entre ellos la actriz, interpretaron esta desaparición como el fin de la época de oro del cine mexicano.

La función debe continuar, dice el famoso proverbio artístico. *Mi querido embustero* fue estrenada, al fin, en el teatro de los Insurgentes. La alta sociedad, algunos pintores y escritores, intelectuales e incluso políticos estuvieron presentes en la gala. López Tarso no desentonó ante Dolores, tal como se esperaba. La ovación fue inevitable al final de la función inaugural y de muchas otras.

Para octubre de ese año, la actriz tuvo que viajar a Estados Unidos para filmar *El ocaso de los cheyennes*. Utah y Colorado, fueron algunos de los lugares que sirvieron de escenario para esta historia. El reparto que acompañó a Dolores fue envidiable: Richard Widmark, Carol Baker, Karl Maden,

Gilbert Roland, James Stewart, John Carradine y Sal Mineo, quien ocupó el lugar del "hijo artístico" de la diva.

En este trajinar entre México y Estados Unidos, Dolores retornó a nuestro país para poner en escena *La vidente de Rousin;* obra francesa traducida, de nuevo, por Salvador Novo. La dirección corría a cargo de Lou Riley. El éxito fue contundente, a tal grado que Rafael Solana escribiría:

> *Lo primero con que Dolores se impone es con su figura; mujer de pasmosa belleza, de elegantísima línea, majestuosa, señora de pies a cabeza. Su sola presencia avasalla; pero además ha sabido vestirse para esta escena, como para toda la obra, en forma que causará admiración, por la riqueza y el buen gusto. El abrigo que saca en el primer cuadro de* La vidente de Rousin, *dejará a los espectadores sin aliento, el del segundo cuadro, no les permitirá recuperar la respiración, la estola del tercero, les hará sudar frío; las joyas de este mismo cuadro opacan a las de Marilú Elízaga... como actriz nunca ha estado así en el cine; lo más difícil de dar en la ficción, la inteligencia. Desde su primer frase irrumpe en mitad de una escena violenta y se apodera de inmediato de la atención; tiene que sonar su voz tan autoritaria, tan convincente, tan irresistible que se apodera con mando incontrolable de las otras personas en escena. Se necesitaba, el autor al escribir la obra lo sabía muy bien, no una actriz sino una diosa...*

La vidente de Rousin, pese a la aclamación del público, duró sólo treinta días en el teatro. La razón fue que Dolores necesitaba descansar para no sufrir los estragos de la artritis.

Impedida por un mal en la garganta para asistir al estreno de *El ocaso de los cheyennes* en Estados Unidos, Dolores tuvo que guardar cama hasta recuperarse. Al recuperarse se dirigió a Londres para admirar el estreno de la premier en Europa. Allí, comprobó que la obra era una mezcla armoniosa de belleza y amor por los indígenas. Sería, además, la última película que John Ford filmara.

"Los aficionados veteranos podrán descubrir en *El ocaso de los cheyennes* el rostro de madona de Dolores del Río y Dolores nos podrá descubrir qué despacio transcurrre el tiempo". Afirmaría un periodista del *Daily Mail,* al día siguiente.

La actriz, encantó a Londres, sin duda alguna. Tanto así que la BBC le ofreció actuar en un programa de televisión. Además, sir Charles Burns, director general de los productores fílmicos de Inglaterra, le entregaría personalmente en la VII Reseña de Cine en Acapulco, un ramo de flores al tiempo que la elogiaba con calidez.

Francisco Rovira Veleta, director hispano de cine, había estrenado en México su filme *Los tarantos,* una cinta con tintes poéticos que narraba la historia de un amor imposible entre dos gitanos. Como muchos otros, Rovira, era admirador de Dolores y deseaba que la estrella participara en su último proyecto: *La dama del alba,* del escritor Alejandro Casona. Rovira era reconocido en el medio por su seriedad y profesionalismo, hecho que convenció a Dolores. Una vez aceptado el proyecto, la estrella viajó junto con Lou a España. De inmediato se integró al elenco que en esta ocasión no se mostró hostil en lo absoluto. La provincia vasca y Esteride de Anseu, un pueblo situado a trescientos kilómetros de Barcelona, fueron los lugares elegidos para el rodaje. No obstante el frío, Dolores y el reparto lograron un excelente filme.

En nuestro país, esperaba a Dolores una propuesta *sui generis.* Se trataba de la Sociedad Protectora del Tesoro Artístico y Cultural de México que había sido fundada por su amigo Felipe García Beraza. Éste la invitó para que fuera una de las principales activistas de la socidead. La agrupación, además, entregaría un premio anual a la persona o institución que realizara una obra trascendente para conservar nuestro patrimonio artístico.

Al poeta Efraín Huerta, uno de los principales adoradores de la diva, le secundaban otros hombres. Tal era el caso de Enrique Álvarez Félix, hijo de María Félix, quien vivía cautivado por la grandeza de la actriz y por su porte, según sus propias palabras:

> *Doña Dolores del Río como mujer es la expresión más amplia de lo que debe ser una dama: es culta, elegante y distinguida... les puede no gustar a los demás, les puede no agradar el timbre de su voz; para mí es una gran señora que tiene sensibilidad en todo y que sabe de todo. No hay otra como ella.*

"Quique", como se le conocía al hijo de la Doña, era tratado muy bien por Dolores del Río y pronto le llegaría su oportunidad de alternar junto a ella en una película.

La reseña en Acapulco de 1965, fue un evento que tenía como intenciones reales llamar la atención de productores extranjeros. Para ello, Dolores del Río, sirvió como anfitriona de honor de las luminarias que llegaron a nuestro país. Durante el evento, Dolores realizó innumerables convites en los que hizo coincidir a actores nacionales, con productores y directores foráneos. Estaba convencida, como los organizadores del festival, que la salvación del cine mexicano, un tanto alicaído, era la coproducción.

Para lo que sirvió, en realidad, la Reseña de Acapulco fue para mostrar el cine experimental que se practicaba en nuestro país. Jóvenes directores y productores se aventuraban a realizar filmes por demás vanguardistas. Aunque el ganador fue Roberto Gámez, con *La fórmula secreta*, Dolores se sintió atraída por el filme de Alberto Isacc *En este pueblo no hay ladrones* y por *Amor, amor, amor* dirigida por Juan José Gurrola, José Luis Ibáñez, Miguel Barbachano, Héctor Méndez y Juan Ibáñez. Este último, el favorito de la diva, pretendió trabajar junto a ella. Por alguna razón la oportunidad de que lo hiciera nunca se dio.

Mientras tanto, en Italia se fraguaba el siguiente proyecto de Dolores. Se trataba de *Érase una vez* del productor Carlo Ponti. Según la propuesta Sophia Loren y Omar Shariff acompañarían a la estrella, mientras que Francesco Rossi se encargaría de la dirección. Pero un reto aún más grande surgía en las entrañas de nuestro cine. *Casa de mujeres*, película en la que se proponía a Dolores interpretar el papel de "madame". Sin duda el mayor desafío en su carrera cinematográfica.

Dolores lucía irreconocible durante las grabaciones de esta cinta. Con el pelo rojo y ataviada con un vestido rosa, al estilo de las prostitutas de aquellos tiempos, la actriz había dejado de ser ella para darle vida a su personaje. Junto con Enrique Álvarez Félix, su compañero de elenco, repasaba una y otra vez las líneas hasta lograr la perfección.

Sin embargo, el papel de Dolores en *Casa de mujeres*, no era el principal; hecho que le dio oportunidad de atender otros proyectos como el reestreno de *Mi querido embustero* en los escenarios teatrales. De nuevo la crítica le favorecería:

> *Dolores del Río, con su presencia siempre agradable y la veneración que le guarda el público logra con más entusiasmo que perfección realizar la contraparte. Nunca defrauda... su personificación de Stella Campbell logra por momentos perfiles majestuosos, tal como hubiera de ser en la vida de la famosa actriz londinense.*

Volviendo a *Érase una vez*, a Dolores no le agradaba del todo la brevedad de su aparición, así es que mandó una respuesta negativa a los productores italianos. Pero como era más que indispensable su actuación, los encargados del film hicieron todo lo posible para que ella aceptara. Con su esfuerzo, lograrían llevar a la estrella hasta el lejano país europeo, donde se le trató con cordialidad. Los técnicos y actores se encontraban fascinados con aquella presencia. Sophia Loren se mostró impresionada ante la belleza eterna de Dolores. Ponti y Omar Shariff se comportaron con caballerosidad de sobra y se desvivieron en atenciones hacia la diva.

Terminado el compromiso en Italia, Dolores se encontró con la grata noticia de que *Volando a Río*, aquella cinta donde compartía estelares con Fred Astaire y Ginger Rogers, sería conocida por las nuevas generaciones. Esto se debió a que el gobierno mexicano había decidido exhibir la cinta en las principales salas de nuestro país. Pronto, los jóvenes tuvieron oportunidad de conocer a la estrella en sus orígenes y quedaron pasmados ante su hermosura. Los nuevos admiradores surgieron por todas partes y se unieron a aquellos que siempre se habían mantenido fieles a la diva para organizarle un homenaje por sus cuarenta y dos años de carrera. En el salón embajadores del hotel María Isabel, las voces de Salvador Novo y Carlos Pellicer se dejaron escuchar con sendos ditirambos en honor a la estrella.

Nos encontramos a mediados de los años sesenta. Un mundo de jóvenes entusiasta luchaba por sus ideales en contra de una sociedad conservadora. Gran parte de las figuras artísticas, como los Beatles, se adecuaban a los nuevos tiempos asumiendo una pose rebelde. Dolores no pudo abstraerse a esta nueva realidad, por lo cual aceptó un papel en la obra teatral *La reina y los rebeldes*. La obra en cuestión trataba acerca de una reina que, al ser destronada, debía esconderse, disfrazada de prostituta, entre un grupo revolucionario que al final le ayudaba a recuperar el poder.

En los primeros días de septiembre se estrenó *La reina y los rebeldes*. Entre el público asistente se hallaba Helen Hayes, primera dama del teatro estadounidense, quien subió al escenario para reconocer la calidad de Dolores; mas un sector de la crítica no coincidía con Hayes ni con el público que reconoció aquella noche la puesta en escena. Juan Miguel de Mora escribiría al director de la obra, Xavier Rojas:

> *Es evidente que ha rebajado usted su categoría de dirección al admitir imposiciones ajenas. No puedo creer esa presentación que hace usted del personaje Argia, sacándolo envuelto en un trapo para que la señora del Río aparezca sensacionalmente*

(y por si fuera poco, alguien se lleva después el trapo)... No puedo pensar que usted haya tenido la idea de que por ahí en un rincón, esté esa preciosa, esa hermosísima capa que en el momento oportuno se pone sobre los hombros de la señora del Río para que luzca su natural majestad y habitual señorío a su gusto sin atender a la lógica de la obra... creo que su dignidad debería haberse impuesto a cualquier otra consideración negándose a figurar en esa farsa fuera de la escena que es esta obra interpretada por Dolores del Río.

Otro comentario afirmaba:

El factor elemental para un actor de teatro es la voz. Fatalmente, la voz de Dolores del Río es una voz plana, sin ningún matiz. Cuando en un determinado momento de la obra se requiere elevarla para enfatizar un equis momento dramático, la estrella sube de tono a un agudo molesto que está muy lejos de dar un sentido dramático, por su falta de proyección, de la acción que se ejecuta e incluso sus movimientos... el espacio para un actor en el escenario tiene una dimensión totalmente distinta. Dolores tiene dificultad para proyectar su propio cuerpo, se la siente rígida, y a ratos torpe.

La estrella y el equipo que le acompañó tuvieron en consideración los aspectos técnicos que se señalaban. Dolores, toda una profesional, se dedicó a pulir los defectos que habían sido notados por los especialistas.

En 1967 se estrenaría *C'era una volta*, que fue el título italiano para *Érase una vez*. De nuevo la crítica no fue muy consecuente con el film ni con la actriz. Pero en esta ocasión a Dolores no le importó mucho, pues quedó encantada con los *close ups* donde aparecía magnífica, con un tocado medieval que coronaba un broche de perlas y un collar de pedrería tan resplandeciente como ella.

A principios de 1968 apareció una noticia en los principales diarios de nuestro país: Dolores del Río planea hacer *La dama de las camelias* acompañada por Gloria Marín, Elsa

Aguirre, María Douglas y Enrique Álvarez Félix. Todos bajo la dirección de José Quintero, creador estadounidense y ganador del premio Pulitzer.

La noticia era verídica. Dolores y Lou habían contactado al reconocido director norteamericano. En poco tiempo, Quintero llegó a nuestro país y fue recibido por la pareja, misma que lo presentó ante los medios en la residencia "La Escondida". La expectativa fue grande entre los reporteros dedicados a cubrir las noticias de la farándula. José Quintero daba el aspecto de ser una gran personalidad.

Carlos Bracho, hijo de Julio, y Armando Duval, completarían el elenco, mientras que David Antón se encargaría de los escenarios y Armando Valdés Peza sería el responsable del vestuario.

Todo parecía marchar sobre ruedas. El elenco era ideal y la obra, un clásico de la literatura. Pero surgieron pronto los conflictos. José Quintero resultó sí, ser un director demasiado talentoso, pero también un bebedor sin remedio que se dormía en los ensayos y hacía esperar a los actores. Lou y Dolores, productores de la puesta en escena pronto reclamaron su proceder al director estadounidense, pero éste con descaro de sobra los insultó y les amenazó con marcharse de nuestro país sin devolver el dinero que se le había dado como adelanto por sus servicios. Por supuesto que la pareja convino en demandar a Quintero quien en poco tiempo fue detenido y encarcelado por incumplimiento de contrato. Mas la pareja, como es de suponerse, no disfrutaba la venganza así es que solicitaron al gobierno la liberación del estadounidense.

Después de este altercado, surgió una propuesta para que Dolores protagonizara su biografía. Se trataba de una producción de la TV mexicana que sería transmitida en el horario estelar. La misma Dolores corrigió el guión para que resultara adecuado a sus palabras, pues ella sería la narradora. Por supuesto que al ser una biografía autorizada, la estrella se había permitido omitir algunos detalles (como su relación amorosa con Orson Welles y otros datos muy íntimos). Al final del programa, Dolores aparecía en su casa de Acapulco con las siguientes palabras de fondo:

> *Por encima de las anécdotas y de las circunstancias, por encima, incluso, de las penas y las alegrías que la vida haya podido depararme, pienso que lo esencial para mí fue haber sabido encontrar un sentido a mi propia existencia y haberme entregado a ella con plenitud, sin reservas, apasionadamente. En esta especie de balance emocional no tengo duda en afirmar que mi vida ha sido apasionante, porque sólo apasionadamente puedo entregarme al diario, cotidiano, excepcional placer de vivir.*

Estas palabras parecían marcar el inicio de su despedida ante los medios.

Como lo hizo alguna vez Jorge Negrete y otros actores de nuestro país, Dolores del Río aprovechó su popularidad para encabezar una planilla sindical. Esta se llamaría la "Rosa Mexicano", movimiento feminista que trataba de defender los intereses de las mujeres en la ANDA. Anita Blanch, Gloria Marín, Irma Dorantes, Carmen Montejo, Silvia Pinal y Amparo Rivelles, entre otras, acompañarían a la diva en su nueva empresa. La planilla "Rosa Mexicano" aunque no logró ganar la dirección de la ANDA, sí tuvo una actividad destacable en el ámbito social. Su principal interés era defender a las mujeres desprotegidas del gremio, es decir, todas aquellas actrices y bailarinas de teatros y centros nocturnos de media y baja monta, que laboraban bajo condiciones injustas e insalubres. Dolores y sus camaradas, sabían que estas mujeres, en su mayoría, eran madres solteras. Tal era su necesidad que debían llevar a sus pequeños consigo y tras bambalinas, sedarlos con nembutales para que no hicieran ruido durante las funciones. Se entenderá que la creación de una guardería era por demás necesaria. Dolores se convenció de ello y realizó todo tipo de actividades para reunir fondos. El más importante fue el "maratón monstruo" de la televisión, donde participaron las figuras más importantes de la farándula nacional y extranjera. El programa fue dirigido por Dolores y María Félix y resultó un triunfo para la "Rosa Mexicano". Los recursos se habían obtenido; sólo faltaba un poco de tiempo para organizar el patronato de la futura estancia infantil.

Mientras tanto, Dolores veía crecer el número de homenajes como flores en un jardín. Uno de los más importantes, fue organizado por el Instituto Norteamericano de Relaciones Culturales, el INBA, la ANDA, la Sociedad Defensora del Tesoro Artístico de México, el Centro Mexicano de Escritores y la Motion Picture Export Association of America. El homenaje se llevó a cabo el 22 de mayo de 1970 con la inauguración de la muestra pictórica llamada: *Dolores del Río en el arte* (una retrospectiva de las obras dedicadas a la estrella). Al día siguiente comenzó un ciclo de películas protagonizadas por Dolores. Para finalizar el tributo se realizó una gran cena en el restaurante Hacienda de los Morales a la cual acudieron los principales artistas e intelectuales de nuestra nación.

Al tiempo de los homenajes, la salud de Dolores empeoraba. La artritis se convirtió en su mayor enemiga. No obstante las inyecciones de vitaminas, el descanso y la práctica de yoga, su columna vertebral no dejaba de darle molestias y dolores insoportables, incluso cuando se hallaba ante el público.

A diferencia de otras personas, Dolores del Río prefirió concentrarse en sus proyectos a quedarse en cama y autocompadecerse por su estado de salud. Pronto, Rodolfo Echeverría, hermano del entonces presidente, brindó el apoyo necesario para que la estancia infantil comenzara a construirse. El primer paso fue nombrar a Dolores como presidenta del patronato. El fideicomiso se abrió con los veinte mil pesos que se habían recaudado gracias a las actividades de la planilla "Rosa Mexicano."

A partir de esta decisión, Rodolfo Echeverría se volvió una especie de mecenas y a la vez, un socio de Dolores. Se cuenta que ambos coincidieron en hacer un festival cultural, como los que se hacían en Europa, dentro de nuestro país. Salvador Novo y Sergio Galindo, reconocido escritor, se sumaron al proyecto y pronto dieron vida a lo que hoy conocemos como el Festival Cervantino.

Llegó una fecha que Dolores jamás olvidaría. Fue a mediados de 1972, cuando en el auditorio del Museo Nacional de Antropología, Galdino Gómez, director de la Cineteca Mexicana, exhibió la película *Evangeline*. Dolores, pasmada, asistió al lugar para comprobar el milagro, pues aquella cinta se consideraba perdida. Galdino, había recorrido el mundo en busca de alguna copia íntegra sin resultados halagüeños. Lo que sí encontró fueron varios extractos de la cinta, los cuales editó y presentó al público mexicano. Lou, Dolores y Galdino presenciaron la proyección en exclusiva. La actriz, por supuesto, sollozaba al verse en uno de sus grandes éxitos en Hollywood.

El 30 de abril de 1973 la primera piedra de la estancia infantil fue colocada por la señora María Esther Zuno, esposa del presidente Luis Echeverría. Al acto acudieron todas las integrantes de la planilla "Rosa Mexicano" además de Hiram García, líder de la ANDA y el diputado Jaime Fernández. A partir de entonces, Dolores invertiría una buena parte de su tiempo para comprobar el avance de las obras.

Al fin, el 17 de enero de 1974 se inauguraría la estancia infantil de la Asociación Nacional de Actores. Al siguiente día los principales diarios del país se cansaban de mostrar fotografías de Dolores conviviendo con los chiquillos. En poco tiempo, la imagen de la actriz se convertiría en sinónimo de altruismo; a tal grado que la Asociación de Damas Publicistas la declararía "Mujer del año".

La Cineteca Nacional organizó por esas fechas un ciclo con el nombre: *Clásicos del cine mudo norteamericano* en el cual se exhibiría *El precio de la gloria*, filme, que, como recordamos, fue el que catapultó a la estrella. Así, el público de entonces pudo conocer a la deliciosa Charmaine, interpretada por una Dolores fresca, joven y pícara, capaz de enamorar a cualquier espectador.

El 3 de agosto de 1974, Dolores cumpliría 70 años. Qué mejor forma de celebrarlo que con una misa especial para agradecer todo lo vivido. Lou y sus más íntimos camaradas, le acompañarían después, a una velada muy especial.

Dolores había llegado a la vejez casi sin darse cuenta, si la artritis minaba sus fuerzas, no hacía estragos en su rostro. Se mantenía bella, pero con un atractivo diferente al de la infancia y la adolescencia. Era Dolores del Río, la fiel imagen de la belleza en plena madurez.

Los últimos días

Como una cascada se desbordaron los homenajes en México y en el mundo hacia la figura de Dolores del Río. En nuestro país se inauguraría una sala de arte con su nombre y una semana de cine internacional dedicada a ella. La Academia de Ciencias y Artes Cinematográficas, la nombraría miembro honorario. Tiempo después, recibiría un Ariel por "haber enriquecido el arte cinematográfico" y por parte de Pecime se haría acreedora a La diosa de plata.

La deteriorada salud de la estrella cobraba sus primeras facturas. Debido a los tremendos dolores de espalda, la estrella había cancelado su participación en la película para la televisión norteamericana *Who'll See the Children?*, y en la telenovela educativa de nuestro país *Ven amigo*. Dolores se encontraba tan agobiada por los males que apenas pudo filmar un pequeño mensaje para la UNICEF cuyo slogan era: "Si usted compra una tarjeta en alguna parte del mundo, diez niños del mundo podrán ser protegidos".

Un poco librada de sus achaques, Dolores asistió en compañía de su inseparable Lou a un nuevo homenaje que se le rendía en la Cineteca Nacional. Se trataba de un magno evento en el que se exhibían, además de las películas protagonizadas por la estrella, cuadros de las fotos más memorables de su vida artística; carteles y correspondencia con personalidades. El público asistente se puso de pie para ovacionar a la veterana actriz que, no obstante su edad, se atrevió a enseñar las piernas. Cuando la ovación le permitió hablar, dijo ante el micrófono: "Les doy esa palabra tan pequeña pero tan grande: gracias" (frase que había inmortalizado Charles Chaplin).

Tiempo después, regresó a su tierra natal para recibir el esperado tributo. En la casa que le había visto crecer se develó una placa con la siguiente leyenda: "El día 3 de agosto de 1908 nació en esta casa Dolores del Río, pionera del cine internacional. El pueblo de Durango le rinde homenaje al cumplir 50 años como primera figura del arte de México".

La última película estelarizada por Dolores estaba en puerta. Se trataba del proyecto emprendido por el productor y director estadounidense Hall Bartlett, *Los hijos de Sánchez.* Dolores encarnaría a la abuela Paquita en este film que inició su rodaje el 8 de febrero de 1977. Anthony Quinn ya toda una figura en aquellos tiempos y admirado, incluso por la misma Dolores, llevaría a su cargo el personaje principal. Otras actrices que coincidieron en la cinta fueron Katty Jurado, Helena Rojo y Lucía Méndez. A esta última Dolores le recomendaba: "Debes superarte siempre, ahora vas muy bien, pero nunca descuides esta hermosa carrera, así podrás llegar a donde te propongas".

No obstante su edad, Dolores debió ser caracterizada como una ancianita, con canas y un vestido maltrecho. Al finalizar el rodaje se le entregó una placa con esta inscripción: "Para nuestra admirada Lolita con nuestra profunda admiración y aprecio. Has hecho a Paquita inolvidable, de toda tu familia, de Los hijos de Sánchez. 3 de marzo de 1977".

La premier mundial de la cinta tendría lugar el 8 de septiembre de 1978, en el festival de Deauville, Francia. La prensa local le dedicó varias páginas con comentarios muy favorables. Pero en México se emprendió una campaña en contra de *Los hijos de Sánchez.* Casi todos los críticos coincidían en que el filme era una ofensa para nuestro país. Estos comentarios, que podrían considerarse con facilidad como chouvinistas, alegaban que en *Los hijos de Sánchez,* la familia mexicana se había representado de una manera grotesca, en medio del hacinamiento y la promiscuidad. Con todo, hubo algunos especialistas con mayor criterio que exaltaron la cinta. Este fue el caso de Jorge Ayala Blanco quien escribiría:

> *Con señorío de elegante anciana enlutada, toda comprensión y deferencia, Dolores procede de otra dimensión, arquea de nuevo sus inimitables cejas de Nuestra Señora de Coyoacán... y luego, aún más señorialmente, la septuagenaria venturosa se tiende a morir en su cama de latón.*

La vocación de la belleza, de Jorge Guerrero y *More Fabolous Faces* de Larry Cain, fueron dos libros dedicados a la figura de Dolores. Al mismo tiempo, se le diagnosticaba una terrible enfermedad a la estrella: ostiomelitis. Sabedora de su frágil condición, Dolores dedicó sus últimas fuerzas a trabajar en pro de los niños. Pronto convencería a Óscar de la Renta y a los responsables de "El Palacio de Hierro" para organizar un desfile de modas cuyos fondos irían directamente a la estancia infantil de la ANDA.

Más tarde, en Nueva York, Dolores sería invitada por la fundación Carita María. Ésta era una organización dedicada a proteger a niños de bajos recursos de la Urbe de Hierro. En el evento, se realizó un homenaje a Dolores. Con una semblanza de su vida y un diploma se le rindió tributo a la estrella mexicana.

Faltaba aún más. Peter Rodríguez, fundador del Museo Mexicano de San Francisco, sugirió al director del Festival de cine de la misma ciudad que se hiciera un reconocimiento a la trayectoria artística de Dolores. Y en efecto, un 9 de octubre llegaría la gran estrella mexicana al aeropuerto de San Francisco. La crema y nata de Hollywood se dio cita en el lugar para comprobar que el paso del tiempo se había congelado en la figura de Dolores. "De tanto frecuentar a las musas se convirtió en una de ellas" y otros encabezados es lo que solía leerse por esos días en San Francisco. El domingo 11 de octubre tuvo lugar el evento. En el auditorio del Fine Arts Palace se exhibirían sus más importantes filmes y los periodistas se avalanzaron, como en los viejos tiempos, a la estrella para preguntarle los secretos de su belleza sin fin.

De regreso a México, Dolores se sintió un cuanto débil, no obstante las vitaminas que le eran inyectadas continuamente. Sin duda se acercaba el declive de su salud. En ese invierno le sería diagnosticada una nueva enfermedad: hepatitis. Ésta muy probablemente le había sido contagiada a través de las agujas que le insuflaban las vitaminas.

Ante lo inevitable, Dolores decidió comenzar la redacción de su testamento. Pero no era su principal preocupación en qué manos quedarían sus propiedades o joyas, sino el lugar a donde pararía su gran colección de arte.

La hepatitis se volvió pronto un mal crónico y los huesos de la diva se debilitaban al grado de que podían deshacerse. El mal hepático se convirtió en cirrosis e incluso ya existían hemorragias internas. Con todo, la actriz se mantenía consciente y muy lúcida.

Era el año de 1983. La vida de Dolores se reducía a recordar el pasado y a redactar los detalles de su testamento. Supo que en los museos Carrillo Gil y en el de Arte Moderno, las piezas que había aquilatado tendrían un destino seguro, así es que decidió donarlas. En cuanto a lo material, especificó que la mayoría de sus propiedades pasaron a manos de Lou; algunas joyas a su prima Beatriz López Ostolaza; para su otra prima "la Nena" Zubiría todos los objetos religiosos y sus obras de arte místicas.

Ese mismo año, en febrero, sufriría una caída en las escaleras de su departamento, hecho que la llevaría hasta la clínica de La Jolla, California, donde se le diagnóstico el desviamiento de una vértebra. En este lugar se recrudeció la cirrosis y muy poco tuvieron que hacer los médicos.

Se sabe que Dolores hubiera deseado agonizar en su tranquila casa de Coyoacán, "La Escondida" y no en el país que había sido responsable de su éxito.

Los detalles de la muerte de Dolores han sido ocultados con mucha discresión. Seguramente la diva no deseaba que se hiciera todo un espectáculo con su muerte como lo había sido con Pedro Infante o Jorge Negete. Por ello pidió que se hiciera el menor escándalo posible cuando la hora fatal llegara y que sus restos fueran cremados.

El fin tuvo lugar el 11 de abril de 1983. El médico de cabecera Harry Stickler firmaría el certificado de defunción que especificaba "muerte por causas naturales". Así fue, más que las enfermedades el cuerpo de Dolores se encontraba muy cansado de vivir apasionadamente. Sin dejar nada pendiente, Dolores del Río abandonó este mundo con la discreción que merecía. Lou no tuvo otra opción que divulgar la noticia a David Reynoso, líder de la ANDA. He aquí algunos de los encabezados que aparecieron al siguiente día:

FALLECIÓ AYER DOLORES DEL RÍO EN UNA CLÍNICA DE LA JOLLA, CALIFORNIA.

Su último deseo fue que sus restos sean incinerados, descansen en México y que el funeral sea discreto. La ANDA desea hacerle un homenaje.

Recayó de sus males la admirada estrella del cine mexicano y la hepatitis crónica la condujo a su fin.

Siempre consciente de la gravedad, Lolita del Río, expresó su último deseo: que sus restos sean incinerados y descansen en México, dijo David Reynoso.

Todo lo dejó escrito en una carta que abrió Lou Riley después del deceso.

Lou Riley cumplirá al pie de la letra; pero hoy martes, a las once horas, David Reynoso hablará con él para manifestarle lo que es deseo de la ANDA y del pueblo mexicano: rendirle un homenaje póstumo.

—La noticia que no por esperada, es menos dolorosa para nosotros, expresó David Reynoso—. La personalidad de Dolores tiene dos importantes facetas: la actriz que abrió camino a muchos latinos en Hollywood y la actividad sindical que desarrolló con nosotros, a la cabeza del grupo "Rosa mexicano".

La conmoción no se hizo esperar. El público que siempre había adorado a la diva expresó sus muestras de condolencia. Los actores que compartieron escenarios con Dolores no tardaron en declarar su pésame ante los medios.

"Es para mí una gran pena, máxime que tuve la oportunidad de convivir con ella muchas veces. Por su calidad humana y artística merece descansar en la Rotonda de los Hombres Ilustres".

Cantinflas

"También digo que debe estar en la rotonda... figura como ella es para recordarla con cariño y respeto por siempre".

Emilio "El Indio" Fernández

"Yo qué podría decir con esta pena que siento. Es una personalidad de la que se debe sentir uno honrado de conocerla. Y puedo asegurar que su importancia en la historia de México es gigante. No hay otro artista latinoamericano que tenga tal fama en el mundo, ni Carlos Gardel, siquiera puede compararse porque ella, y estoy segura, era conocida hasta China".

Carmen Montejo

Por fin, el martes 12 de abril de 1983, los restos de Dolores del Río fueron incinerados al mediodía. La ceremonia fue muy sencilla y sólo asisitieron los parientes y amigos tanto de Lou como de Dolores. Los restos llegaron a México, pero jamás se especificó ni el lugar ni la fecha en que lo hicieron.

El ejemplo que Dolores del Río dejó para el cine nacional fue el de una mujer que siempre trató de alcanzar la excelencia. Si sus capacidades artísticas no eran destacables, ella fue muy consciente y trató a toda costa de llegar a la cumbre de la interpretación.

Por otra parte, se debe reconocer que nadie ha logrado lo mismo en Hollywood, ni siquiera actrices de Europa o de cualquier lugar que no sea los Estados Unidos. Ser el canon de la belleza y el amor onírico de muchos, incluso de presidentes o de reyes, es algo que muy pocas mujeres pueden presumir.

La vida de Dolores del Río ha quedado allí, en las cintas del cine mudo y en las de la época dorada del cine mexicano. Se le extraña hasta nuestros días pues una mujer de tal carisma y belleza no ha llegado a las pantallas de la tele-

"... merece descansar en la Rotonda de los Hombres Ilustres". Cantinflas.

visión o del celuloide. Es una lástima que la mayoría de sus filmes en Hollywood se encuentren perdidos o ignorados. Si se conocieran, las nuevas generaciones comprenderían la grandeza de esta estrella.

Es nuestro deseo despedir esta biografía con las palabras de Armando Montoya, columnista de *El Universal*, quien resume en una frase lo que significó la estrella para sus admiradores:

"Fue durante años la imagen más cercana a un sueño, una pasión..."